「なんだか意味不明な話なんだけどね……」

　そう前置きしつつ、次のような思[illegible]はじめた。


　さらに十年前のこととなる。

　彼女の通っていた高校で、その[illegible]ょっとした噂になった。

「真夜中、そこで電話をすると、[illegible]幽霊の声が聞こえてくる」というのである。

　まあ、よく聞く怪談話の一つでは[illegible]に興味がないノリコは、詳しく知ろうとはしなかった。

　そんなある日。夜の二十三時頃、ノリ[illegible]たちに電話しなければならない用事ができた。しかしあいにく、家の固[illegible]は使われてしまっている。

　携帯電話を持っていなかったので、こうなると外の公衆電話を利用するしかない。あわてて家を出たノリコが向かったところが、例の電話ボックスだったのである。

　電話機にテレフォンカードを入れ、友だちの家の番号をプッシュする。

　ところが、そこで不測の事態が起きた。

　通常なら鳴るはずのコール音がしないのだ。その代わり、受話器からは、ザザ……ザザザザ……

という低い雑音だけが響いてきた。

（……なんだろう、壊れてるのかな）

そう思いつつ、しばらく耳を当てていると、いきなり雑音がプツリと途絶えた。

そして、なにやら聞き覚えのある音楽が、かすかに流れてきたのである。

たんたたーん、た、たん、たたーん……

『いい日旅立ち』だった。

山口百恵の、あの原曲そのものではない。歌声も入っておらず、聞こえてくるのはピアノかオルゴールによる単一のメロディーのみ。

「……なにこれ？　もしもし？　もしもーし」

いくら声をかけても、受話器の向こうに変化はない。

そこでノリコは、自分の高校でささやかれている、あの噂を思い出した。

——真夜中、そこで電話をすると、受話器のむこうから幽霊の声が聞こえてくる。

確かに今は、もう深夜といってもいい時刻。日中は交通量の多い道路もひっそり静まりかえっていて、ぽつぽつとたたずむ街灯は、こころなしかいつもより薄暗い。

そんな中、ただひたすら『いい日旅立ち』の旋律が続いていく。

「急に怖くなっちゃって……。そのまま電話を切って、家に走って帰ったんだよ」

もうその電話ボックスも無くなってるけどね、とノリコは語り終えた。


……確かに、ぼんやりとした、意味不明な話だな。

まず慶一さんが抱いた正直な感想は、そんなところだった。

「でも学校の噂だと、幽霊の声が聞こえる、ってことだったんですよね？　それとはぜんぜん違うじゃないですか」

「そうなんだけどさ……。これは口だと通じにくいけど、機械の音っぽくもあるんだけど、でもやけに哀しくて、すごく寂しげでさ。それがやけに怖かったのよ」

「電子音みたいな？」

「そうそう、ちょっとそういう感じ」

「だったら、電話の保留音かもしれないですよ。『いい日旅立ち』なんて、保留の音楽によくありがち……」

そこで慶一さんは、ハッと息を呑みこんだ。

突然、昔の記憶がよみがえってきたからだ。

ノリコと同じく十年前、彼が小学三年生の時の出来事だ。

その年、慶一さんはクラスメートを交通事故で失っていた。Sくんという男の子が、自宅マンション前の道路で車にはねられ、即死してしまったのである。

「とても哀しいことですが、Sくんのお葬式には行かないでくださいね」

慶一さんらクラスメートは、担任教師からそう伝えられた。まだ三年生の子どもたちがいっせいに参列したら、親御さんに迷惑がかかる。そう学校側が判断したのだろう。

そこまでは理解できるとして、次に担任教師が出してきた提案は、かなり奇妙なものだった。

「その代わり、Sくんのおうちにみなさんで行って、お別れの気持ちをこめたリコーダー演奏をしましょう」

今にしてみれば、それこそ迷惑ではないかとも思えるアイデアだ。しかしその時はクラス全員が喜んで賛成し、Sくんのお母さんからも許可がおりた。

葬式から一カ月後の日曜日。

慶一さんを含めた有志の子どもたちが、Sくんの家に集まった。そこで皆は、遺族であるお母さんを前に『コンドルは飛んでいく』を吹いてみせた。

つたないリコーダーだったが、演奏は無事にすみ、お母さんも嬉しがってくれたようだ。

子どもたちへの感謝の挨拶として、こんなことを語り出した。

「……Sはね、ずっとエレクトーンの教室に通っていたのよ」

事故で亡くなる直前、彼は発表会に出演し、練習の成果をみごとに演奏していた。その音源が残っているというのだ。

「みんな、リコーダーの演奏ありがとう。お礼といってはなんだけど、Sの最後の演奏も聞いていってちょうだい」

そう言って、お母さんがカセットテープを再生する。

たんたたーん、た、たん、たたーん……

そこで流れてきた曲が、『いい日旅立ち』だったのだ。


……もう一つ、慶一さんがはっきり思い出したことがある。

ノリコが語っていた電話ボックス。

それは、Sくんが住んでいたマンションの向かい、彼が車ではねられた現場のすぐ脇にあったのだ。

――真夜中、そこで電話をすると、受話器の向こうから幽霊の声が聞こえてくる。

はたしてそれが、Sくんの声だったかどうかは、誰にもわからない。

ただの根も葉もないデマの噂だったという可能性も高い。

しかしとにかく、そこでノリコが『いい日旅立ち』を聞いたこと。そして十年後、偶然にもその話を慶一さんに語ったことだけは、まぎれもない事実なのだ。

いいがら！

あの沼に行ったことと、その夜の出来事が関係しているのかどうか……。

それはわからない。

しかし、とにかく不気味な沼だったのだ。


和希さんは福島県南相馬市《みなみそうま》にて、建設業についている。

その日は仕事が休みだったので、趣味の釣りを楽しむつもりだった。ブラックバスを目当てに、以前から聞き及んでいた沼へ出かけてみたのである。

そこはいちおう、地元ではバス釣りスポットとされる沼だった。しかし、一歩足を踏み入れたとたんに驚いた。

ガスが溜まっているかと思うほど空気が澱《よど》んでおり、息苦しくて仕方ない。

他に釣り人がいないのは結構だが、こんな雰囲気では当然だろう。まるでファンタジー作品に出てくる、毒の沼のようだ。もはや魚すら棲みついていないのか、竿《さお》を投げても投げても、いっこうにヒットする手応えもない。

すっかり気分が悪くなった和希さんは、早々に引き上げることにした。

そのまま、買い物をしたりラーメンを食べたり、ぶらぶらと外で過ごした後、夕方ごろ、当時住んでいた一軒家へと帰宅。

建設会社の同僚たち四人と暮らす、シェアハウスである。

今日はなんだか疲れてしまった。明日は早朝から仕事だし、さっさと寝てしまおう……。

同居人たちとの交流もそこそこに、和希さんは二階の自室に上がり、ベッドへともぐりこんだ。


「いいがら！」

突然、そんな声に起こされた。

「いいがら！　おりろ！」

窓の外で、誰かが叫んでいるようだ。時間を見れば、深夜二時過ぎ。こんな夜更けになにごとだろうか。

「いいがら！　あぶねえがら！　いいがらおりろ！」

その切迫した声は、どうもこちらに向けられている気がする。和希さんが窓を開けて見下ろすと、砂利の駐車場に、男が一人立っていた。

青い作業服に、ヘルメットをかぶっている。見るからに建設現場の人間のようだ。

それが自分を見上げ、あわてた様子で手を振っている。

「そこあぶねえがら！　いいがら、おりろ！」

自分に向かって、窓から下に降りてこいと指示しているようだ。

……なんなんだ？　火事か？　強盗でも入ったのか？　それとも今やっている現場で緊急を要する大事故でも起きたとか？

とにかく、なんらかのトラブルが発生したようではある。同じ現場で働く作業員たちに、あわてて招集をかけているか、それとも助けに来てくれたのか……。具体的にはなにもわからないが、そういった状況が想起させられた。

「いいがらおりろ！　あぶねえがら！」

いや、そんなこと言われても、二階から飛び降りなくちゃいけないのか……？

そう思いながら、ふと手元に目を落とす。

「あれ？」

すると、いつのまにか窓枠にハシゴがかけてあるではないか。

「え、これを使えってことですか?」

しかし男はよほど切羽詰まっているのか、こちらの問いかけを無視して、ただ絶叫を繰り返すだけ。

「いいがらおりろ！　いいがら！　いいがら！」

男の焦りが、こちらにも伝染してくる。

まずは下に降りて、状況を把握しなければ。

和希さんはハシゴに足をかけようと、窓枠をのりこえかけた。

その時である。

「うおっ！」

なにものかに、背後からがっしり体をつかまれた。

誰かの両腕が、自分の腹の前でロックされている。そのまま背中の方へ落とされ、床に転がされる。痛みをこらえて顔を上げると。

「おめ、なにやってんだ！」

そこにいたのは、同居人の一人だった。

「いや、なにって、下に逃げようと……」

起き上がって窓の外を指さす。すると、先ほどまでかかっていたはずのハシゴが無くなっているではないか。階下を覗き込んだが、男の姿もすっかり消え去っていた。

「おめえ、窓の外に向かってぶつぶつ言ってたと思ったら、いきなり飛び降りようとしただろ！」

同居人によれば、この部屋のドアを開けたとたん、そんな和希さんの姿が見えたので、とっさに羽交い締めにしたのだという。

「おお、悪い……ありがとう……」

混乱しながら、和希さんは礼を述べた。

「……でもなんで、俺の部屋のドアなんか開けたんだ？」

ああ、それだけどよう……と同居人が理由を告げる。

「さっき、おかしな夢を見たんだよ」

亡くなった彼のおばあちゃんが、切羽詰まった顔と声で、「いいがら！　いいがら！」と必死に叫んでくる夢だったという。

「いいがら、おぎろ！　いいがら、おぎろ！　このまま寝てるとおめえ、友だち一人いなぐなっちまうぞ！　いいがら！」

そこで目が覚めた。そして勝手に足が動いて、この部屋へと向かっていった……。

そんないきさつだったのである。

冷静に考えると、下にいた男の顔と声について、和希さんはいっさい覚えがなかった。

ヘルメットや作業服も、今まで見たことないものだった。

どうして、あんな男が突然あらわれて、自分を二階から落とそうとしたのか、さっぱり意味がわからない。

ただどうしても、同じ日の昼間に訪れた、あの沼が気になってしまう。

あの沼に行ったことと、その夜の出来事が関係しているのかどうか……。

それはわからない。

しかし、とにかく不気味な沼だったのだ。

うおこさん

一九九〇年代初頭、群馬県の某小学校での出来事。

当時、小学五年生だった清美さんの周りでは「ラブ様」という遊びがはやっていた。いわば「こっくりさん」の亜流。「キューピッド様」や「エンジェル様」と同じく、子どもたちに流行した降霊術の一種だ。

その方法はといえば、ひらがなを書いた紙を四人で囲み、それぞれ五円玉に人差し指を乗せて動かす……という、よくあるパターン。

もちろん、こうした遊びで五円玉や鉛筆が自然と動くように感じるのは、霊が降りてきたからではなく、自己暗示によるものだ。

清美さんら子どもたちも、それは承知していた。だから、わざと自分たちで指を動かして、嫌いな子の悪口を表現したり、ほのかな恋愛対象を教え合ったり……好き勝手なことをして楽しんでいた。

つまり、誰も真剣に信じていない、ただの気安いお遊びだったのだ。その日の放課後、「クラスみんなでラブ様をやろう」と盛り上がったのも、まったく軽いノリによるものだった。

清美さん含めた四人がプレイヤーとなり、それをクラスメートら約十人がとり囲んで観覧する。秘密の心霊会というより、ちょっとしたイベントのような雰囲気である。

「ラブ様、ラブ様、ここにいらっしゃいましたら、ＹＥＳの方におこしください」

清美さんら四人が声を出すと、五円玉は順調にＹＥＳの文字へと動いた。

「ラブ様のお名前は、なんというのですか？」

彼らのローカル・ルールとして、降りてきた霊に対し、まず名前を質問する決まりがあった。

すると五円玉は「う」「お」「こ」という三文字を示していった。清美さんはなにも力を入れていない。他の三人の誰かが、適当に思いついた名前だろう。

「うおこさん、というお名前ですね！」

その独特なネーミングに、ギャラリーからくすくすと笑いがもれる。誰からともなく、先を急かすような声があがった。

「じゃあ、じゃあ、うおこさんになにを聞けばいいかな？」

そこで突然、目の前が暗くなった。

次の瞬間、清美さんは、自分がまったく別の場所に立っていることに気づいた。

教室ではない、もっと狭い部屋。いったい、ここはどこなのか。

あわてて周りを見渡すと、さっきまで一緒にいたクラスメートのうち数名が、顔をうつむけて左右に並んでいる。

そんな自分たちを、校長先生と担任教師が、そろってにらみつけている。

なぜか知らないが、いきなり教室から校長室へと瞬間移動してしまったようなのだ。

「あそこは、掘ってはいけないところなのです。あなたたちは、絶対にしてはいけないことをしたのです」

校長先生が、穏やかだが毅然《きぜん》とした声で、そう諭してきた。

そのまま、ひとしきり説教が続いたが、級友たちも黙ってうなずくだけ。

さっぱり状況が飲み込めないものの、ただごとではない空気は伝わってくる。とにかくここは大人しくしておこう。

そう判断した清美さんは、先生たちに逆らわず、ひたすら謝ることでその場を乗り切った。

そして最後に「もう二度とラブ様をやりません」という誓約書を書かされ、ようやく校長室から解放されたのだった。

「ねえ、ちょっと、どうなってるの?」

廊下に出たところで、ずっと我慢していた質問を級友たちにぶつけた。

「……ああ、やっぱり」

そんな清美さんを見て、級友たちは妙に納得したような様子だった。

「覚えてないんでしょ、昨日のラブ様のこと」

……昨日? 清美さんは混乱した。

そうだ、確かにおかしい。廊下の窓からは、まぶしい太陽の光が射し込んでいる。ついさっきまで薄暗い放課後の教室で、ラブ様をやっていたはずなのに。

「いや、だからそれは昨日のことなんだよ」

なんと今はもう、その翌日の昼前になっているというのだ。

つまり清美さんの中で、ここ十数時間の記憶がすっぽり抜け落ちていたのである。

ではいったい、そのあいだになにが起こっていたのか。

級友たちは、次のようなことを説明してくれた。

うおこさんの名前が出た直後のこと。

誰かの質問を待たず、五円玉はするすると次のように動いていった。

「すなばのとびらをあけろ」

なんのことかと皆が思っていると、いきなり清美さんが、椅子を倒すほどの勢いで立ち上がった。そして大声で、こう叫んだのだ。

「砂場を掘ったら、扉が出てくる！　砂場を掘ったら、扉が出てくる！」

教室にいた全員がざわめいた。校庭の隅にある、細長い砂場のことを言っているのだろう。しかし清美さんの目つきは、明らかにおかしくなっている。

もういくら声をかけても、なにも答えようとしない。

「うおこさんに、とりつかれたんだ」

誰もが疑いなく、そう思った。そして皆、熱に浮かされたように「校庭の砂場を掘らなくちゃいけない」と口々に言い出した。

しかし今はもう放課後で、まもなく日が沈んでしまう。この人数で校庭に出て、そんな作業をしていたら、たちまち咎められてしまうだろう。

「砂場を掘るのは、明日の二十分休みにしよう」

皆でそう取り決めて、その場は解散した。もはや勢いでもノリでもない。

うおこさんの命令を実現しなくては、と全員が本気で思っていたのである。

もちろん清美さんも家に帰ったそうだ。しかしいくら頭をひねっても、そのあたりの記憶は途切れてしまっている。

後から両親に聞いたところ、確かにその夜の彼女は、どこかボンヤリしていたように見えたらしい。それでも問題なく、夕飯を食べたり風呂に入ったりはしたようだが。

翌朝も大きな支障なく、清美さんは朝の支度を終え、登校していった。

そして二時限目と三時限目のあいだの二十分休み。

ぼうっとした清美さんを連れて、数人のメンバーが校庭の砂場へと急いだ。

手やスコップでせっせと砂を外にかき出していく。面積はそれほど大きくないので、数人で作業するうち、みるみる砂の容量が減っていった。

しばらくすると、砂場の底の部分が階段状になっていることがわかった。

一段、二段、三段と砂をかきだしていくうち、三段目部分から下は、砂ではなく茶色い土へと変化していった。

清美さんが見守る中、級友たちは一生懸命に土を掘り返していった。

すると今度は、仕切り板らしきものが露出しはじめたのである。

「これ、扉じゃないか？」

まだ全体像はわからないが、板でつくった簡易的な戸のように見える。

「この扉を開けてくれ！　この扉を開けてくれ！」

清美さんが、そんな声をあげた。

皆が夢中になって、残りの土をかきだそうとしたところで……。

「なにやってるんだ！」

背後から怒鳴り声が響いた。

数名の教師たちが、彼らの異常行動を止めに来たのだ。

二十分休みは、もうとっくに終わっていた。

授業時間になっても教室に来ない彼らを心配し、担任教師が学校中を探していたところ、この砂場での椿事《ちんじ》を発見。あわてて職員室にかけこんで、他の教師たちに協力を求めたのである。

そのまま校長室に連れていかれ、こっぴどく怒られている最中、清美さんは正気を取り戻した……。

どうも、そういった事の次第であるようだ。

砂場はすぐに埋めなおされた。

そして新しく柵で囲まれて、そこに「立入禁止」の札が貼られた。

清美さんの在学中ずっと、その砂場は禁足地となってしまったのだ。

そんな、砂場にまつわる奇妙な思い出話である。


件の小学校の歴史は、明治初期の開校と、たいへんに古い。

清美さんの家では祖父、祖母、それに母親までもが同じ学校に通っていたそうだ。

戦時中をよく知る祖父によれば、砂場あたりのポイントは防空壕になっていたので、その入り口だった可能性は高いらしい。そして空襲を受けた際、収容できなかった死体を、防空壕に保管していたという話もあるそうだ。

また、小学校そのものが墓地の上に建てられたといういわくもある。

私が同校のホームページを閲覧してみたところ、細かく記された校史の中に、明治時代の校舎図面がアップされていた。それを見る限り、もともと寺だった跡地に建てられたことは間違いないようだ。

また戦後すぐの時代には、プールの壁に狐のシミが浮き出して、子どもたちが次々に溺れる事件もあったそうだが……それはまた、別の話である。

芥子色の女

拓也さんは、十代半ばというたいへん若い時から、神奈川県の造園会社で働いている。その関係で（また別会社ではあるが）林業の手伝いにも駆り出されていた。関東の山々の奥深くへ入ることも多くあったようだ。

そこで、彼はいくつかの不思議な出来事に遭遇している。

二〇〇一年の冬、そろそろ拓也さんも仕事に慣れてきたタイミングだった。

お世話になっている林業会社のサポートで、丹沢山系の奥地へ出向くことがあった。杉の間伐、枝払いをするためで、作業員は総勢二十名ほどだったそうだ。

昼の休憩中のことである。

皆で弁当を食べながら一服していると、

「おい！　あれ見ろ！」

作業員の一人が声を上げた。

彼の指さす方を、全員が見上げる。

それほど遠くない、百メートルほど先の山の尾根だった。

拓也さんによれば、尾根というのは、なだらかな斜面と急斜面との二タイプがあるそうだ。杉などを植林するのは、もちろん緩い方。急斜面では土砂崩れするし、なにより人が入るのは危険である。

皆が見上げたのは、崖のような急峻な尾根だった。原生林に近い雑多な木々が、ぽつぽつとはえている。

その山肌に、なにかがへばりついていた。

それはこちらに背中を向け、手足を使って、がしっ、がしっ、と斜面を登っている。

身長一五〇センチ以上。猿ではない。猿にしては大きすぎるし、なにより服を着ているのだから。

黄色……というより芥子《からし》色の、女物の和服。それに黒い帯を巻いていた。髪型は、これも女らしき日本髪を結っている。

着物から足がのぞいていて、裸足《はだし》ではなく、靴下か足袋《たび》を履いているのも見て取れた。

明らかに、人である。それも女のようだ。しかし同時に、人ではありえない。

その尾根は、とても素手で登れる傾斜ではないからだ。そこを女は、ひょいひょいと這うように進んでいる。猿だろうとロッククライミングの上級者だろうと、あんな移動の仕方は不可能だろう。

そして人ではない理由がもう一つ。頭が、大きすぎるのだ。

ここから見える後頭部は、胴体の半分ほどもある。あまりにもアンバランスな、黒髪の大きな頭が、辛子色の着物と、あざやかな対をなしている。

「やべえやべえ」「なんなんだ、あれ?」

その異形のものを、作業員たち全員、わいわい騒ぎながら見つめていた。

そうするうち、風に乗って向こうから甲高《かんだか》い音が聞こえてきた。

ホホホッホ……ホホホホッホホ……

そいつの声だ。小さい女の子のような高いトーン。泣いているとも笑っているともつかない、なんとも気色悪い声だった。

「……ありゃあ、よくねえなあ」

社長が、皆に向かってつぶやいた。

「今日はまずいから、もう作業は中止だ」

仕事は昼で切り上げとなった。それでも日当は一日分もらえたそうだ。

山を降り、国道沿いのコンビニのだだっ広い駐車場で、缶コーヒーを片手に休憩する。

「あんなの、はじめて見たなあ！」

作業員の中には若者も多かった。やけに興奮しつつ、先ほど自分たちが見たものについて、わいわいと話し合っていた。

するとその会話で、また不思議なことが判明する。皆が口々に述べていく、あの女らしきものの様子が、それぞれ異なっているのだ。

「ほっかむりをしていた」とか「花魁《おいらん》の姿だった」「着物は紫色だった」など、姿形や服装が微妙に違う。中には「もにょもにょした細長いものが、大量に集まっていた」と、人間にすら見えていない場合もあった。

また、あの甲高い声についても、別の人は「わらべ唄みたいなのを歌っていた」と、まったく違うものを聞いている。

「お前ら、とにかく塩まいておくぞ」

事務所に帰り着くと、社長が全員に塩を振りかけた。相撲取りかと思うほどの、大量の塩のシャワーだった。

ふと、拓也さんが作業服についた塩を見ると、なにやら黒い灰が混ざっていることに気づいた。

「どんど焼きで燃やした、お札の灰だよ」

正月の松の明けに、去年の古いお札を燃やした後の灰。それを、お清めされた塩と一緒に、なじみの神社からもらってくるのだという。

社長はいつも、その二つを混ぜ合わせたものを常備しているそうだ。

そういえば、尾根を這いのぼるものを見た時も、山から事務所に帰ってくるまでの間も、社長一人だけはずっと落ち着いていた。

きっと、同じようなものに何度も出くわしているんだろうな。

拓也さんは、そう思った。

焦げ跡

これも拓也さんの体験談。二〇〇三年のことだという。

杉の枝打ちのため、拓也さんは先輩社員であるYさんと、丹沢《たんざわ》の山中へ入っていった。

今回はそれほど奥地ではない。有名な神社や観光地からも近く、登山道のすぐそばという、一般人が来てもおかしくないような場所だった。

その現場の手前あたりで、拓也さんたちは「黒い杉の木」を見かけたのだ。

軽い山火事でもあったのだろうか。最初はそう思った。

杉の表面の一部、自分たちの頭上より高いところの樹皮が、一メートルほどごっそり無くなっている。はがれた形は、ピーナッツ型の細長い楕円形。さらに傷全体が、まるごとバーナーであぶったかのように黒く焦げている。

しかし火事にしては、まわりの地面や木々に燃えたような痕跡がない。

「これ、どうしたんでしょう。なんで、ここだけ焼けちゃったんですかね」

拓也さんは顔を見上げたまま、先輩に尋ねた。

「バカ野郎、よく見ろ」

熟練の職人であるYさんは、黒い楕円の中心を指さした。

そこには、釘のような長い鉄棒が刺さっていた。しかし釘にしては頭も無く、太さも大きさもかなりのものだ。

細長いピラミッド状の形はむしろ、楔《くさび》に近い。それが半分ほど、しっかり杉の中にめりこんでいる。

「下も見てみろよ」

Yさんの言葉に従い、視線を下げる。すると杉の根本に、大きな茶色いかたまりが落ちているのが見えた。

一瞬、なにがなんだかわからなかった。数秒間じっと見つめて、ようやく理解したところで、拓也さんは背筋がぞっと寒くなった。

それは、大きな藁《わら》人形だったのだ。

胴体部分だけで、二リットルのペットボトルほどの長さ。そこに頭と手足がついているので、全長五十センチはある。

しかもその藁は、ぐずぐずに腐っていた。

焦げ跡のそばに落ちている割には、いっさい火がついた気配もない。その代わり、汚らしく湿って腐敗しており、繊維の先がだらしなくほつれている。あちこちの編み込みもほどけていたので、胴体の中は丸見えになっていた。

そこから、なにか四角いものが飛び出しているようだ。

なんだろう……と拓也さんが屈みこんだところで。

「おいっ、触るなっ」

Yさんの鋭い声が響いた。びくりと身を起こした拓也さんに、また「絶対、触るなよ」と、Yさんが注意を繰り返す。

藁人形の腹からのぞいていたのは、L判の写真だった。

三人の人物が、並んで映っているようだ。きちんと顔を近づけていないし、プリント自体もすっかり色あせていたので、被写体の顔立ちまではよくわからない。

ただ、それが家族写真であることは間違いなかった。

——丑の刻参り。

そんな言葉を思い浮かべつつ、拓也さんは再び、黒くなった杉の木に目を向けた。

楕円の焦げ跡は、目的が達せられたことを物語っているようだった。

仕事からの帰り道、Yさんはコンビニに寄った。

店を出てきた彼の手には、ワンカップの日本酒がにぎられていた。よもや飲酒運転かと思って見ていると、Yさんは酒を口にふくんで、

ぶーーっ

と、拓也さんの体に向かって吹きかけた。

「手、合わせておけ」

そして先ほどの山に向かい、二人で合掌しながら頭を下げた。

焦げ跡 その後

そういえば私も昔、丑の刻参りで有名な神社の神主さんから、藁人形による呪術の「正式な作法」をうかがったことがある。

「最近の人たちは、ホームセンターで買ってきた、ただ大きい釘を使うでしょう。あれはわかっていない。頭のついた釘なんか使ったらダメなんですよ」

丑の刻参りには頭のついていない釘を使うのが本式なのだ、と神主さんはおっしゃっていた。

なぜなら頭があると、後で釘抜きで引っこ抜かれてしまうかもしれないから。杭《くい》や楔のような形状であれば、打ちつけた木ごと切り倒さない限り、まず抜かれることはない。

そして藁人形は、腐って地面に落下した方が、むしろ（呪いをかける側にとって）都合が良いのだという。

呪う相手を模した人形は腐り果てて地に落ち、残された釘は木の成長とともに内部にめりこんでいく。それでこそ呪いの術が成功するのだ、と。

「それは初めて知りました。だとすれば、自分が見たものは〝本当にわかってる人〟がやった呪術ってことですよね……」

私の説明は、拓也さんの思い出をいっそう暗いものにしてしまったようだ。

「そういえば、吉田さんに話していて、初めて気がつきましたけど」

そもそも、あんなに巨大な藁人形と鉄の楔を、いったいどうやって山中に持ち込み、儀式を行ったというのだろうか。

いくら登山道のそばとはいえ、車を乗りつけられるような場所ではない。五寸釘よりずっと大きい鉄の楔だったので、重さも相当のはずだろう。

しかも藁人形を見上げるほど高い位置に打ち込むなら、脚立《きゃたつ》などの足場も必要なはず。

百歩譲って、それら道具をなんとか運び込めたとしよう。

それでも、はたして人力で、あんな太い楔を木に深くめりこませることができるのか？

いったいどんなハンマーを使ったのか？　しかも不安定な脚立に乗りながら？

丑の刻参りなのだから、仕掛け人は一人で来たはずだ。それらの作業すべてを、どうやってこなしていったのだろうか？

……もちろん、私たちがあれこれ考えたところで、真相は藪の中だ。

あまりにも特殊な想定だが、大勢の人間が工事用の機械・機材をひっそり持ち込めば、物理的には可能なのかもしれない。

「まあ、丑の刻参りというのは女性が一人でやるイメージですけど。絶対にそうだとも言い切れませんしね」

そんな私の言葉に、拓也さんはこう返した。

「でも、真夜中、たった一人の女性が、どうにかしてそれをやりとげた……って想像する方が……」

よっぽど、怖ろしいですよね。

ちっちゃな手

「この先、わたし、何人殺せばいいんですかね？」

カナエが、うんざりしたような声でつぶやいた。

須賀さんは曖昧に笑って、その言葉を受け流すしかなかった。


須賀さんは私の古くからの友人で、映像作家を生業にしている。

メインの活動は、女性モデルを被写体にしてのイメージビデオづくりだ。

撮影はいつも都内のハウススタジオにて、須賀さんとモデルの二人きりで行われる。たいてい一日で撮り終えるスケジュールを組んでいるようだ。

しかし中には、撮影は完了したものの、作品として発表できない場合もある。モデルへのギャラは支払わなくてはいけない、須賀さんは自身の財布を痛めて、泣く泣くデッドストックの判断を下すのだ。

もちろんそれらの事情はケースバイケースで異なるが、強引にまとめるなら、理由はいつも一つだ。

女性モデルの精神状態が芳《かんば》しくないから——つまり「メンヘラ」すぎるため——後々のトラブルにならないよう、発表をさしひかえるのである。

カナエも、そうした中の一人だった。

年齢は二十五歳。事務所に所属してはおらず、フリーの立場。言ってみれば「自称モデル」ということになる。

彼女の映像がお蔵入りとなった経緯を、部外者の私はなにも知らない。

ただ、撮影時にあったという次のエピソードを、須賀さんから聞いただけだ。


その日の撮影も前半部分が終わり、昼休憩に入っていた。

こんな時、須賀さんはいつも雑談などで場をなごませるようにしている。モデルにリラックスしてもらって自然な表情を引き出すのも、大切な仕事だからだ。

そのうち、話題はだんだんカナエの身の上話へと移っていった。

「実はわたし、ちっちゃい頃からずっと、変なことで悩まされてるんですよね」

彼女の右手の人さし指。そこにたびたび、奇妙な感触が伝わってくるのだという。幼い彼女がもの心ついた頃には、すでにその現象があったらしい。

「人さし指全体が、なにか変なものにつつまれて、ぎゅうっ……って、ひっぱられるような感じ」

十日に一度ほどの割合で、いつも右手の人さし指だけに、そんな感触が走る。

それは小学校に上がっても、まったく止む気配はなかった。

ただ、ちょっとした変化はあった。自分の指がつつまれる面積が、だんだん小さくなっていくような気もするのだ。

いったいこれは、なんなんだろう……。

成長するにつれて、カナエも不思議に思い始めていく。そのうち、この現象が「なぜ起こるのか」はともかく、「なにが起きているのか」については、だんだん察しがついてきたそうだ。

まず、指をつつむ感触は、小さくなっているのではない。そのサイズは、何年たっても変わらない。カナエが成長し、指が大きくなっていくにつれ、相対的に「小さくなった」と感じているだけだ。

相手はなにも変わらない。初めから小さかっただけ。そう、これは小さな手なのだ。

「わかったんです。ちっちゃな子どもの手が、私を握っているんだって」

それは、いつ、どんなタイミングでやってくるかはわからない。

ただ唯一ハッキリしているのは、いつも布団やベッドなどに寝ころんでいる時、という点だった。それが昼だろうが夜だろうが、熟睡していようが、目覚めていようが、または自宅だろうと外出先だろうと関係ない。

とにかく、寝床で横になっていると、なにもない空間から「ちっちゃな手」がやってきて、自分の右手人さし指をつかむのだ。小さな五本の指で、ぎゅう……っと、ひっぱってくるのだ。


中学を卒業しても、「ちっちゃな手」は消えなかった。

そしてその頃から、カナエは荒れた恋愛を繰り返すようになっていた。きっかけは高校受験に失敗し、浪人生活をしていたせいだという。

幾人もの男と、同時に関係を持ったりもした。彼らと寝た後、ラブホテルのベッドで横になっていると、いつもより頻繁に「ちっちゃな手」にひっぱられるような気がした。

そして十七歳のある日、カナエは妊娠する。

相手は、当時つきあっていた美容師だった。

遊び人の男なので、どうせ堕ろせと言ってくるだろう。そう思いながら妊娠を報告してみたところ。

「わかった！　じゃあ産むしかないだろ！」

意外にも、根は真面目なやつだった。

彼はカナエの実家に出向き、両親を説得しはじめた。猛反対していた父母も、だんだんとほだされ、孫の顔を楽しみにするようになっていく。

あれよあれよという間に、周囲は出産を祝福するムード一色に包まれていた。

「そのあたりで、ピンときたんですよね」

空中でひらひらと右手を揺らしながら、カナエが言った。

「ずっと右手の人さし指をにぎっていたのが誰なのか。それはお腹にいるこの子なんだって、わかっちゃったんですよ」

そして、こうも思った。

……この子が死んだら、ひっぱる手も消えてくれるのかな。

……地味に悩まされていた、厄介で面倒なものが無くなるな。

よくよく思い出してみれば、夜中に起こされて迷惑したことが何度かあった。

眠りがけに指をひっぱられ、目が覚めてしまったこともあった。

いや確かに、毎晩眠れなかったというほどではない。実際には、大した被害は受けてないかもしれない。でもそうしたストレスが積もりに積もって、どこかに悪い影響を与えていたとも考えられる。

高校受験に失敗したのは、こいつのせいなんじゃないの？

男たちと遊ぶようになったのも、こいつが原因なんじゃないの？

これまでも、これからも、「ちっちゃな手」は、私の人生を妨害するものなんだ。

一度抱いたその想いは、どんどんカナエの中でエスカレートしていった。

それと同じタイミングで、また一つ悪いことが起きる。

美容師の男が、浮気していることが発覚したのだ。根は真面目でも、やはり遊び人であることに変わりはなかったようだ。

といっても、それはカナエにとっては、むしろ都合のよいことだった。

「そいつの浮気を理由に、もう堕ろすって、私から言いやすくなりましたからね」

すぐに病院での手術となる。

ベッドに寝かされ、静脈麻酔を打たれ、短い眠りにおちていく。その瞬間も、恐怖や悲しみはあったが、それ以上に「これでもう、ちっちゃな手から解放される」という嬉しさの方が勝っていたという。

手術後、ベッドの上で麻酔から目が覚めた。

というよりも、目を覚まさせられた。

右手人さし指が、ぎゅうっ……と強くひっぱられたからだ。

「それって、すごい絶望じゃないですか」

……なんで？　完全に殺したはずなのに、なんでこいつは、まだひっぱってくるの？

あまりのショックに、カナエはそのまま泣き出してしまった。

「付き添っていた両親が慰めてくれたんですけど。子どもを堕ろして悲しくて泣いてるんだなって、明らかに勘違いしてて。そうじゃねえよって思うと、また悲しくなって涙が出てきちゃって」

もはや「ちっちゃな手」は、カナエにとって邪魔者でしかなくなった。

それなのに、右手人さし指がひっぱられる感覚は、以前よりもっと強くなってしまっている。毎日ではないにせよ、そのたびに頭がおかしくなりそうで、始終イライラすることも多くなった。

「もう、普通の仕事はできないですよ。だから今みたいにフリーのモデルをやってるんです。それしかできないんですよね、わたし」

二十二歳の時にも、また妊娠した。

その時はもはや、父親が誰かすらハッキリしなかったらしい。まだ恋愛関係を保っていた十七歳の時と違って、不特定多数の男とゆきずりに寝るだけだったからだ。

ただ、心当たりがない訳ではない。撮影と称して援助交際を迫ってきた「自称カメラマン」の男である可能性は高い。

「でもその時、わたしはピル飲んでたんですよ。ピル飲んでるのにできたってことは、これはもう、まちがいないじゃないですか」

彼女はまた、奇妙な主張をしはじめた。

「これがラスボスだ。できるはずないのにできた、ってことは、こいつが本物のラスボスに決まってるって。そう思うじゃないですか」

「ラスボス」という表現をするからには、この前にも何度か堕胎手術をしていたのだろうか。須賀さんはそう思ったが、とりあえず黙って頷いておいた。

そして今度は一ミリも悩むことなく、病院にて手術を行った。

ところが、である。

術後のベッドで目覚めると、やはり「ちっちゃな手」が人さし指を握ってきたのだ。

ぎゅうっ……っと。

また違う、こいつじゃなかった……。

それから三年たった現在でも、「ちっちゃな手」はたびたびあらわれ、彼女の指を握ってくるそうだ。

もう、うんざりだ。

いつになれば、どこまでいけば、こいつは消えてくれるんだろう。

「……この先、わたし、何人殺せばいいんですかね？」

あまりにずっと握られ続けたせいで、右手人差し指には跡がついてしまった。

小さな五本指の跡が、くっきりとアザになっているのだ、とカナエは言う。

「ほら、これ。見ます？」

カナエが、ぱっと開いた右手を、こちらに向かって差し出してきた。

はげたオウムの話

「うち、はげたオウムがいるから見に来ないか？」

とある放課後、大悟くんは、クラスメイトのAからそんな誘いを受けた。

Aとは中学二年のクラスが同じというだけで、それほど仲が良い訳ではない。学校の外で、二人だけで遊んだこともなかったはずだ。家に誘われること自体が唐突だし、なによ り理由が意味不明ではないか。

（はげたオウム……？）

しかし同時に、そのワードが大悟くんの好奇心をくすぐったのである。

学校帰りに訪れたA宅は、なんの変哲もない一軒家だった。

玄関を上がると、そのままいちばん奥の薄暗い部屋へと案内された。使われていない品をしまう物置部屋なのだろうか。段ボール箱やガラクタが雑然と積まれており、その隅には、やけに大きな鳥籠が吊るされている。

そして籠の中には確かに、全身はげたオウムが入っていた。

「よく知らないけど、昔、鳥エイズにかかって丸裸になっちゃったんだって」

Aが、そんな説明をしてくる。

「鳥エイズ」という病名すら初耳だが、とにかく不気味な見た目の生き物だった。

全身の羽がぬけ落ちた肌には、ブツブツした毛穴が露出している。たまにスーパーで見かける、丸一羽分の皮つきとり肉にも似ているような……。しかし真っ白いとり肉と違って、まだ生きているこのオウムはもっと全身が赤黒く、なんとも気味悪く感じてしまう。

元々は、Aの親戚のおじさんが飼っていたものらしい。しかし去年、一人暮らしのおじさんが急逝したため、仕方なくこの家で引き取ったとのこと。

「だからうちの家族みんな、こいつの名前も、本当は何歳なのかも知らない。四十歳より上なのは確からしいけど」

「ええーっ。四十歳って、そんな」

思わず笑った大悟くんを、Aはまじめな顔で見つめ返した。

「オウムは長生きだから。百歳まで生きるやつもいるんだよ」

この名無しのオウムも、病気ではげあがってる割に体の中身は元気で、いっこうに死ぬ気配がないという。

なるほど、百歳まで生きるような動物なら、中には変わったのもいるんだろうな……。

大悟くんが納得しかけた、その時である。

……ちくしょう

どこからか、野太い声が聞こえた。Aの父親でも来たのかと見回していると。

「このオウムだよ」

鳥籠を揺らしながら、Aが呟いた。左右に振られたオウムが、くちばしを開くと、

「……ちくしょう」

また同じ声が響く。中年男性の呻《うめ》きのような、低くこもった音だ。

「これ、死んだおじさんの声そっくりなんだって」

「え、そんなこと、ありえるの」

「ぼくは知らないけど、お父さんお母さんがそう言うから」

もちろん大悟くんだって、インコやオウムが飼い主の言葉をマネすることは知っている。

しかし鳥が人間の声色まで似せることなど、はたして可能なのだろうか。

「……ひどいよ」

オウムがまた、そんな声をあげる。自分の名前や「オハヨー」などと鳴けばいいのに。なぜAのおじさんは、こんな不愉快なセリフを教えたのだろう。

「確かに気色悪いよね。うちの親は二人とも、こいつを嫌ってる」

だからエサやりも水の交換も、かごを掃除するのも、ぜんぶAだけの役目になっているそうだ。

それも無理ないだろうな、と大悟くんは思った。なにしろ、こうして二人でたたずんでいる間にも、ずっとオウムは低いしわがれ声で怨みごとを呟き続けているのだから。

……ちくしょう……ちくしょう……ひどいよ……

「ごめんね」

こちらのウンザリした気分を察したのか、Aが謝ってきた。

「でもね、本当は、もっと嫌な鳴き声をあげるんだ。これはまだマシな方なんだよ」

「……どういうこと?」

「この時間は大丈夫。でも夜の十時過ぎになるとね……」

Aが少し早口になった。とにかく最後まで話を聞いてほしいのだ、と大悟くんは思った。おそらくAは、このオウムについて誰かに打ち明けたくて、だから自分はこの家に呼ばれたのだ。まだ中学生である大悟くんにも、彼の気持ちはじゅうぶん伝わってきた。

「十時過ぎってのは、おじさんが死んだ時刻なんだ」

おじさんは、このオウムの目の前で死んだ。一人暮らしの部屋で、首を吊って自殺しているところを発見されたのだ。理由はわからない。両親は事情を知っているようだが教えてくれない。

とにかく今でも、その時刻になると必ず、オウムはあるモノマネをする。

「ぎいっ……ぎいっ……って、低い声でずっと」

人がぶらさがった縄がしなるような、そんな音を出すのだという。

五分も十分もひたすら、ぎいっ……ぎいっ……と。

おそらく自分が見た、おじさんの最後の光景のモノマネをしているのだろう。

十五分、二十分、ずっと鳴き続ける。

ぎいっ……ぎいっ……ぎいっ……

そして突然。


おちる！

おちる！

おちる！

三回叫んで、後はピタリと黙りこむのだ。

それが毎晩続くものだから、両親は、けっしてオウムに近づかない。

Aは一息に、そんなことを語り終えた。


それから三十年近くたつ。

中学を卒業して以来、大悟くんはAと会うことはなかった。これまでまったく連絡をとっていないし、まだAが同じ家に暮らしているのかどうかすらも不明だ。

しかし大悟くんは今でも、Aの家に行った日のことを、たまに思い出す。


あのはげたオウムは、どうなっているだろうか。

なんだか、まだ生きているような気がしてならない。

ヒッチハイク

荒木さんは六十五歳の男性。鳥取県にて専業農家を営んでいる。

以下は、二〇二〇年一月三十一日に彼が体験したエピソードを、そのたった五日後に教えてもらったものである。

「先週、JR山陰本線の周辺で、実際に起こったことなんですよ」

そうして、荒木さんは話を始めた。

彼は毎日、自分の畑で採れた新鮮な野菜を、某町の道の駅におさめている。

その日も、白い軽バンで国道を走っていくうち、山陰本線のX駅近くを通りがかった。

「小高い丘の上の駅に、ちょうど汽車が停まってたんですね」

このあたりは気動車の区間なので、地元の人たちは電車ではなく「汽車」と呼ぶ。

まずそこで、荒木さんは最初の違和感をおぼえた。

Xは無人駅だが、鳥取駅と城崎《きのさき》温泉をつなぐ沿線にあるため、それなりに利用客は多い。

ただそれも出勤・通学のラッシュ時だけで、日中はがらがらのはずだ。

その時は、ラッシュの時間をとうに過ぎていた。

しかし目前の車両には、人がぎゅうぎゅう詰めに乗っているのだ。

受験シーズンのせいで混んでいるのかな？　そう思いながら、車を走らせる。

乗客の顔や服が、やけにはっきり見えたのを覚えているという。

そこでふと、手前の窓越しに立つ若い女性が目に入った。なぜかわからないが、その女性がやけに気になってしまう。

次の瞬間、荒木さんは彼女に向かって、手を振っていた。

すると女性もこちらに目を合わせ、手を振り返してきたのである。

とたんに荒木さんは自分の行動が恥ずかしくなってきた。

いい歳して、なにをやっているのか……。まあ、一期一会だし二度と会うこともないからいいか……。

苦笑いしつつ、道の駅を目指す。汽車は西へ、車は東へとすれ違っていく。サイドミラーには、速度を上げて走り去っていく汽車の後ろ姿が映っている。

そして正面に視線を戻した荒木さんは、また妙なものを発見した。

左手の線路沿いの歩道に、女性が一人、佇んでいたのだ。

ただ立っているだけでなく、おずおずと胸の高さに手を上げ、車道を見つめている。ヒッチハイクかタクシーを停めるための、控えめな主張のようだ。

しかも、冬にしてはやけに薄着である。

すぐに停車した荒木さんは、車を降り、女性に話しかけてみた。

「乗りますか?」

すると相手は、ぱあっと笑顔を輝かせて、

「助かります!」

元気な声を返してきたのである。

女性の年齢は二十代半ばくらい。セミロングの茶髪で、着ているのは今風のワンピースのみ。いくら暖冬とはいえ、真冬の鳥取である。そんな格好で寒くないかと思ったものの、体を震わせる気配すらない。

そして薄手のぴったりした素材は、女性のボディラインをあからさまに表現していた。

長身だがモデル体型というより豊満な体つき。色白で、胸はかなり大きい。

酸《す》いも甘いも通りこした六十五歳の荒木さんも、ついムラムラと腹の下がうずいてしまった。

ただ、彼女を助手席に座らせたところで、思わず鼻の方までうずきだした。

ネギ臭いのだ。

口臭ではない。体中の毛穴から発散してでもいるかのように、異様なまでのネギ臭さを、女性は身にまとっているのだ。いったいどれだけ大量のネギを食べたら、こんな状態になるというのか……。

とはいえ、そんなことを若い女性に指摘する訳にはいかない。

「近所の人？　どこまでいくの？」

とりあえず当たりさわりのない質問をすると、

「すいません。ちょっと海まで行ってもらえませんか」

女性は平然と、そう答えた。

「えぇ、海？　若いなぁ……そんな薄着じゃ風邪ひくで……。Y海岸でええか？」

荒木さんはそのまま道の駅を通り過ぎ、日本海沿いの海岸へと向かった。大した距離ではないので、それはいい。車内にはネギの臭いが充満しているが、それもまあ仕方ない。

しかしそれらとは別に、腑に落ちない点がもう一つ。

「変なこと言うけどな……」

ハンドルを握りながら、荒木さんは女性に話しかける。

「さっき、お姉さん乗せる前、X駅の汽車に向かって手を振ったら、そこで手ぇ振り返しくれた女の人がいてな。それが……あんたによう似とった。チラッと見えただけやけど、着ている服も同じでな」

「それ、私です」

「はい？」

「それ、私です。手を振ってくれたから、ここに乗ってるんです」

そう言うと女性は、誘いかけるような眼差しで、にやっと微笑んだ。

「そうかぁ……」

今から考えれば、まったくおかしな話だ。あの汽車から降りて、どんなに大急ぎで走ったとしても、この車を追い越せるはずがない。

しかし荒木さんは妙に納得してしまった。見れば見るほど、隣に座る女性と汽車の女性とは同一人物にしか思えなかった。となると、いくら物理的に不可解でも、女性の言うことを信じるしかない。

そうこうするうち、車はY海岸の駐車場に到着。真冬の午前中なので、辺りには一台の車も停まっていなかった。

「ここでいい？」

荒木さんが訊ねると、女性は深々と頭を下げた。

「ありがとうございました」

その低姿勢のまま、女性はこんな言葉を続ける。

「私、お金がないので、こんなことでしかお礼できません」

女性の両手が、荒木さんのズボンへのびた。あれよあれよというまに片手でチャックを下ろすと、もう片方の手をその中に侵入させる。

ひやっとした手につかまれた陰部が、外に引っぱり出された。女性はさらに頭をかがめ、それをほおばった。

その瞬間、痛みに似た感覚が体中に響いた。

——つめたい！

口が、舌が、冷えびえと凍てついている。まるで氷に包まれたかのように、あの部分がキュウッと縮こまった。

とっさに動いた両手が、目の前の頭を、ぐうっと押し戻す。

しかし力をこめた両手は、ふわり、むなしく宙を泳いだ。

突然、女性が消えてしまったのだ。

一瞬前まで人がいた痕跡などなにも残さず、ぱっと煙のように消滅したのである。

車内に残る、ネギの臭いだけを残して。

すぐに荒木さんは後悔した。

陰部に残された唾液を、名残り惜しくぬぐいながら、こんな風に思った。

突然のことで慌ててしまった。せっかくなら最後までしてもらえばよかったのに……。

だから、この数日間ずっと、またあの女性が道路に立ってないかと注意しながら運転しているのだという。


ちなみに残された唾液は、まったくネギ臭くなかったそうだ。

レジ袋のような

その日、信夫さんは趣味の夜釣りをするため、車を走らせていた。

といっても、海や川を目指していたのではない。正確に言うと、まず釣り仲間のAさんをピックアップしようと、彼が住む団地へ向かっていたのである。

時刻はもう深夜に近く、道路もすっかり暗くなっている。

その途中、車道脇の植え込みの下に、なにか白く光るものが目に入ってきた。

「ああ、レジ袋かな」

スーパーのレジ袋が落ちていて、ヘッドライトに反射したのだろう。一瞬気をとられはしたが、それ以上はさほど気にしなかった。

やがてAさんの団地に到着。駐車場から、なにげなく目当ての棟に視線を向けてみた。

夜遅くのため、ほとんどの部屋の明かりは消えている。建物全体が、薄闇の中に溶けこんでいるようにも見える。

そこにふと、小さな光がきらめいた。向かって左側、四階のいちばん端の部屋。そのベランダから、なにやら白く輝くものが、すとーん、と一直線に落ちていったのだ。

「……なんだ、またレジ袋か」

信夫さんは初め、そう思った。そのサイズは人の頭ほど、ビニールのような光沢で、薄くなめらかな感じだったからだ。

とはいえ、どこかおかしい。

先ほどの植え込みとは条件が違う。周りに街灯はあるが、そこに光が直接当たっているわけではない。またその他に、反射するような光源は見当たらない。

なによりレジ袋のようなものが高所から落ちたとすれば、ふわりと風にたなびくような動きのはず。あんなに真っ逆さまに降下していくだろうか。

違和感をおぼえた信夫さんは、Aさんの部屋にたどり着くなり、さきほど目撃したものについて報告した。

「それって、四階の端の部屋なんだよな？　駐車場から見て左側の」

するとAさんは、そうつぶやいたきり、黙りこんでしまったのである。

その様子に少し面食らいつつ、信夫さんが「どうしたんだよ」と問い詰めてみると。

「……最近、この棟で自殺があったんだ」

まさに信夫さんの言うベランダから、部屋の住人が飛び降りてしまったというのだ。

それも、つい二日前のことらしい。

心霊現象や怪談などに興味のない信夫さんだったが、この奇妙な符号には、いささか驚かされた。

自分が見たものは、いわゆるヒトダマの類だったのかもしれない。

その時は、素直にそう思った。


しかしこの現象にまつわる偶然は、まだ続くこととなる。

その団地には、信夫さんの別の友人Bさんも住んでいた。こちらもAさんと同じく昔からの関係で、家族ぐるみの付き合いをしていたそうだ。

そんなBさん宅では、少し前に赤ん坊が産まれたばかりだった。そこで信夫さんの家から、もう使わなくなったベビーカーを貸してあげていたのである。

先述した一件のすぐ後、信夫さんがBさん宅に遊びにいった時だ。

「ごめんなさい……。直接会ってお詫びしようと思ってたんですけど」

突然、Bさんの奥さんが、深々と頭を下げてきた。

「お宅から借りていたベビーカー、返せなくなってしまったんです」

「え、どういうことですか」

信夫さんが訊ねると、次のような答えが返ってきた。

数日前、奥さんは赤ん坊をあやすため、団地内の公園に出ていたそうだ。そして例のベビーカーを、建物の脇に置いていたところ。

そこへ、真っ逆さまに人が落下してきたのである。

幸い、赤ん坊はのっておらず無事だった。だがベビーカーは破損して使い物にならなくなってしまったのだという。

言うまでもなく、それはAさんが住む号棟の、四階端のベランダからの飛び降り自殺だった。

つまり信夫さんにとって、その飛び降りには二つの因縁がからまっていたのだ。

一つは、なにも知らなかったにもかかわらず、同じ場所で「レジ袋のような」光の落下を目撃していたこと。もう一つは、自分が貸していたベビーカーの上で、その人物が死んだということだ。

こうした因縁は、その後も影響を及ぼすものなのだろうか。

これをキッカケに、信夫さんの身にちょっとした変化が起こった。

海釣りにいくと、崖や岸壁の上から「レジ袋のような」白いものが落ちるのを、たびたび見かけるようになったのだ。

後で確認すると、そこはきまって飛び降り自殺の多い場所なのだという。

スポケーンの借家

アメリカ・ワシントン州在住のリエさんと、何度かメールのやり取りを行った。

先日、彼女が友人から聞いたという話を、私に事細かに教えてくれたのである。

リエさんに体験談を語ったのは、州北東部の街スポケーン出身の女性。

名前を仮に、エマとしておこう。


エマが十歳の時である。

ずっと不仲だった彼女の両親が、ついに離婚した。

もっともそれは、彼女にとって悲しいことではなかった。むしろ、ホッと一息ついたくらいだ。なにしろ毎晩、眠れないほど口うるさく罵りあう父にも母にもウンザリしていたから。

エマと幼い妹は、母親が引き取ることになった。とはいえ仕事経験の少ない母は、パートの仕事にしか就けず、収入もおぼつかない。母娘三人が引っ越せたのは、スポケーン郊外にある古くて小さな借家だった。

「正直言って、私は最初からその家が苦手だった」

当時を思い出して、エマは眉をひそめた。なぜかは自分でもわからないが、家の中がやけに汚らしく感じられたのだ。しかし古い家とはいえ、転居時にハウスクリーニングが入っている。具体的にどこがどう不潔かと言われると、なんとも答えに困るのだが。

「前の家よりずっと綺麗だって、お母さんと妹は気に入ってたけど……私はダメだった。その家にいると、胃袋が重くなるような、嫌な気分になっちゃうの。もう、逃げ出したくなるくらいに」

特に気味悪いのが、キッチン脇のトイレだった。

家にはトイレが二つあったものの、使えるのは大きく新しい方だけ。キッチン脇の小さめの方は、いっさい使用できない。なぜか便座がテープでぐるぐる巻きにされているからだ。

無用のスペースであるそのトイレは、電気も外されているため暗くどんよりしている。それなのに奥には大きな鏡がかけられており、いっそう不気味な雰囲気をかもし出しているのだ。

「夜になると、そのトイレのドアが、やけに怖ろしく見えたのを覚えてる」

これではどうにも落ち着けないエマが家にいる時間は、どんどん少なくなっていった。学校が終わった後も、出来るだけ外で遊び、遅くに帰宅していたのだ。


しかしスポケーンの冬は、たいへんに暗い。

太平洋岸北西部の冬の日没時刻は、午後十六時頃。冷たい小雨が毎日のように降り、とにかく夜が長くなる。その上、彼女の家はあまり治安がよくないエリアにあった。

そして母親は、夜にもパートに出なければならない。安全のため、エマと妹は、冬の間中、学校に行く以外の理由での外出を禁じられてしまった。

仕方なく、二人でテレビを観ながら、母の帰りを待つ日々が続いたのだという。


その夜も、ずっと雨だれの音がぽつぽつ響いていた。

二十一時を過ぎていたので、妹はもう寝ている。エマがソファに寝転び、ぼおっとテレビを眺めていたところ。

トルルルルル……

突然そんな機械音が聞こえて、思わず飛び上がった。

あたりを見渡すと、家の固定電話が鳴っている。当時すでに携帯電話が普及していたので、引っ越してから初めて聞く呼び出し音だった。

おそるおそる受話器をとると、聞き覚えのない女性の声が、こう告げてきた。

「911です。そちらの家から通報をもらいましたが、無言のまま途中で切れてしまったので、こちらからかけ直しました」

警察署のディスパッチャー（通信指令員）である。しかしそう言われても、心当たりなど一つもない。

「そんな電話、かけてませんよ。なにかの間違いです」

「今、家にいるのはあなただけですか。他の住人がかけた可能性はありますか」

「いるのは、私と妹だけです。妹はとっくに寝てるし……」

それを聞いたディスパッチャーの女性は、早口で「近くをパトロール中の警官に、そちらの家へ寄っていくよう伝えます」と告げて、あっさり通話を切った。

十五分後、ドアをノックしてきた警官に事情を話すと、

「まあ、こういう事はたまにあるから大丈夫。お母さんが帰ってくるまで外で待ってあげるから」

と言い、路駐したパトカーの中へと戻っていった。

母が帰ってきたのは、それから三十分後。少しイラついた口調で、エマに詰問してくる。

「警官の人から聞いたけど、家から９１１の電話があったって？　いたずらでかけてないわよね？」

とはいえ母も、娘の怯えた顔を見て、それ以上の追求をやめた。家の周囲をチェックしたが、窓や外へ通じているドアは全てロックされている。

「母親もなんだか怯えちゃって……。とにかく、家に帰ったらすぐ戸締りすること、なにかあったら職場にでもいいからすぐ電話をかけることを約束させられたの」

しかし、である。

間を置かず、また同じことが起こってしまった。二十二時頃、エマが留守番している家に電話がかかってきた。出てみると、前と同じディスパッチャーの女性からである。

「またそちらの家から無言電話がかかってきたのですが……。イタズラなら、次は警察署に来てもらいますよ」

子どものエマはなにも反論できず、ただひたすら謝って、電話を切るしかなかった。

しかしなぜ、この家から電話がかかってしまうのだろうか。不気味に思ったエマは、戸締りのチェックをしようと、キッチンの方を振り向いた。

と、そこで足がすくんだ。

例のトイレのドアが、かすかに開いている。家族の誰も、手を触れているはずないのに。しかも、その奥に人間の気配を感じる。個室の中に、じっと誰かがうずくまっているように思えてしまう。

エマはあわててドアを閉め、そのまま自分と妹の部屋に閉じこもった。

幸い、母親はその直後に帰ってきた。

「トイレに誰かいる……」

そう訴えると、母はすぐドアを開けて中を確認した。しかし中はもぬけの殻。ただテープで封印された便器と、大きな鏡があるだけ。

「その夜はもう、部屋のドアに鍵をかけて、椅子をノブの下に立てかけて……。それでも眠れなくて、ずっとベッドの中で震えてたわ」

さらに一週間後の夜。

やはり二十二時頃に、911から電話がかかってきた。

「また電話がありました。いいかげんにしてください」

ディスパッチャーの声は、明らかに怒気をはらんでいた。エマはトイレのドアを見つめながら、しどろもどろに謝り続けた。

そうしてなんとか話を収め、受話器を戻した瞬間。

……トンッ
トイレのドアの向こうで、音が鳴った。

トンッ……トン……

風か空気圧で、ドアが揺れているのか。最初はそう思ったくらい、軽くかすかな音だったのだが。

トン、トントントン
すぐにそれは、小刻みなノックのような響きに変わり、
ドンドンドンドン！

ドア自体が揺れるほど、激しい振動になっていった。

エマは悲鳴をあげ、廊下に飛び出した。

その騒ぎで起きてきた妹の手を引き、外へと逃げていった。

幼い姉妹は、寒さに震えながら母の帰りを待ったのである。

「……その後も、うちの電話からの９１１への通報が三回も続いて、その度に私が怒られて……」

ついに警察署に呼ばれる事態にまでなってしまった。その場は注意だけで済んだが、警察の誰も、自分の言うことを信じてくれない。そんな憤りから、エマは母の胸に顔を埋めて泣いた。

「でもお母さんだけは、私を信じてくれたの。そこから帰宅した勢いで、すぐに電話回線をハサミで切っちゃったんだから」

エマには古い携帯電話が与えられ、それから謎の通報騒ぎはぴたりと収まった。

やがて母親が新しい仕事を見つけたため、その家を引き払うこととなった。

そして十数年の時が過ぎる。

大人になったエマは、当時の出来事をすっかり忘れていた。

しかし、そんなある日。彼女は仕事帰りに、路上での交通事故を目撃してしまった。大した事故ではなかったが、パニックになっている当事者の代わりに911に電話をかけてあげたのだが。

――はい、こちら911……

「ディスパッチャーの声を聞いた瞬間、言葉を失ってしまったの。その口調から、十歳の時の記憶が一気によみがえったから」

そして彼女はどうしても、あのスポケーン郊外の家について調べたくなってしまった。

後日さっそく、同じ町にある図書館へと出向いてみたのだが。

「そんなことしたのが、間違いだったわ」

エマはいったん話を止めて、そうつぶやいた。


その家ではかつて、若い女性が殺される事件が起きていたのだ。

図書館司書がはりきって当時の新聞や調査資料を出してきてくれたので、かなりの詳細を知ることができたという。

その殺人が発生したのは、エマたち家族が越してくる十年前のこと。

犯人は彼女の夫だった。遺体発見後すぐに自供、逮捕された。しかし裁判を待っている間に首吊り自殺を図り、亡くなってしまったのである。

ただ彼は死ぬ直前、弁護士に犯行の一部始終を伝えていた。

夫はまず、カナヅチで妻の体をめったうちに殴りつけた。手足の骨と肋骨が何本も折れていったが、ひたすらカナヅチをふるう手を止めなかった。

やっと腕がしびれてきたものの、妻はまだ生きており、悲鳴をあげている。そこで口にガムテープを貼り、あのキッチン脇の小さなトイレに閉じ込めておいた。ずっとずっと、何日もの間。

ようやく発見された彼女の遺体は、すっかり腐乱していた。だからその死因が、打撲からの臓器損傷なのか、それとも餓死だったのか、わからなかったそうだ。

資料には現場の写真もついていた。外へ出ようと、必死にもがいたのだろう。トイレのドアの内側に、無数の血痕がこびりついているのが見て取れた。また、数センチほどのへこみもあった。その部分には「頭を何度も打ちつけた跡と思われる」と付記されていた。

リエさんがこの話をエマから聞かされたのは、つい最近のこと。

その際、リエさんは（住所は隠されつつ）グーグルストリートビューにて、例の家の画像をちらりと見せてもらっている。外観は、まったく普通の一軒家だったという。

ともかく、問題の家は、まだ現存しているということだ。

「もしかしたら殺された女性は今でも、その小さなトイレから出られず、助けを求めているのでしょうか」

リエさんはメールの最後を、そう結んでいた。

今夜

「今夜、帰るところがないんですよね」

フユミは、そうっと言葉を漏らした。

広告代理店に勤める修司さんが、とある大型プロジェクトの打ち上げに参加していた時のことだ。

立食パーティーの会場である。おしゃべりに疲れた修司さんは一人、壁際の椅子に座って休憩していた。そこに静かに近寄ってきたのが、仕事仲間のフユミだった。

彼女とは会社が別々で、仕事上での付き合いしかない。まあそうはいっても、知らぬ仲ではない。このプロジェクトが完了するまでの期間中、毎日のように顔を合わせてはいた。作業の合間に、なんやかやと無駄話を重ねるくらいの関係にはなっていた。確かに、そんな関係にはなっていたのだが。

「今夜、帰るところがないんですよね」

最初の一言からして、あまりに唐突だった。

「だからこの後、二人で飲みに行きませんか」

彼女には、半年前から付き合っている恋人がいるはずだ。最近、同棲を始めたとも聞いている。二人の年齢からして、おそらくその男との結婚が近いのだろうな、と勝手に推測してもいた。

「彼氏とうまくいってないの？」

ただし、修司さんはそういった事情に頓着しないタイプでもあった。

「……とりあえず今夜は、帰るところがないんですよね」

結局、二人はそのまま修司さんの家に泊まった。


そして深夜遅く。

修司さんは、ふいにベッドの中で目を覚ました。

ひたひたひた……という足音が聞こえてきたからだ。

ベッドの端で横向きに寝たまま、部屋の薄暗がりへと、寝ぼけ眼を向ける。ぼやけた視線の先、キッチンの方からフユミらしき人影が歩いてくるのが見える。

水を飲みにいったか、トイレにでも立ったのか。

ただ、その様子が少しおかしい。彼女はベッドのそばまで近づいたとたん、くるりと振り返り、部屋の隅へと遠ざかっていったのだ。

そして再び引き返してきたと思ったら、またくるりと去っていく。

ひたひたひた……

なぜか、そんな行ったり来たりを繰り返している。

なにやってるんだろう……。

いぶかしみつつも、また眠りなおそうと反対側へ寝返りをうつ。

そこで指先が、すぐ横で寝ている誰かの体に触れた。え、と思って瞼《まぶた》を開く。

目の前に、フユミの寝顔があった。

一瞬で体がこわばる。

ちょっと待て、それなら――いま歩いているのは、いったい誰だ？

ひた
頭のすぐ後ろで、足音が止まった。さっきまで向いていたベッドの端に、それが立っている。誰なのか確認したいが、どうしても振りむけない。

そのまま数秒、静寂が流れる。

背後の気配は、消え去ったようにも感じられた。

……出ていったか？　いや、でも、遠ざかる足音は聞こえな……

「うっ！」

突然の衝撃に、無理やり息が吐き出された。

誰かが自分の腹の上に、馬乗りになってきたのだ。

とっさに体を仰向けに返す。頭上の顔が、視界に入ってくる。薄闇の中、なぜかその顔だけが、くっきりと浮かび上がっていた。

フユミだ。自分にまたがっていたのは、フユミだった。

ただしその髪はまっ白、顔は皺《しわ》だらけ。目鼻立ちは彼女そのままだが、まるで老婆のようになっている。

年老いたフユミは、怒りの形相で手をのばし、こちらの首をぐいぐいと絞めだした。

喉がしまって声が出せない。それでも必死にもがき、両手で振りはらう。

無我夢中になっているうち、ふいに体が軽くなった。

気づけば頭上の女は消えていなくなっている。

……なんだよ、いったいなにが……

心臓が早鐘を打ち、背中はびっしょり汗まみれだ。なんとか息を整え、横で寝ているフユミの方を振り返る。

そこでまた、全身に寒気が走った。

フユミは、笑っていた。

目を閉じたまま、にかっと歯をむき出している。

大きく開いた口で、声をたてずに笑っているのだ。

「……おい」

おそるおそる、その体を揺さぶった。するとフユミは我に返ったように、はっと目を覚ました。

そしてこちらをじっと見つめながら「……すいません」とつぶやいた。

「見ましたよね」

その問いかけに修司さんは、ただ、こくりと肯いた。

「修司さんみたいな人なら大丈夫かと思ったんですけど……」

なにも聞き返せなかった。二人とも目をそらし、黙りこくっていた。

「……どうせ、無理なんですよ」

しばらく経った後、フユミは独り言のようなささやきを、ぽつりと漏らした。

「どうせ、どんな男でも気に入らないんです。私の母は」

桜の枝の首吊りの夢

中尾さんという男性から聞いた話。彼のいとこ、Kにまつわる体験だ。

ある夜、中尾さんはKと二人、逗子の海岸沿いを歩いていた。Kが彼女と同棲しているマンションへと向かっていたのである。

途中、公衆トイレを見つけたKが「ちょっとションベン」と用を足しにいった。ちょうど尿意を覚えていた中尾さんも、その後についていく。

するとKが洗面所の鏡に向かって、いきなり悲鳴をあげたのだ。

「首に血がついてる！」

確かに、Kの首にはぐるりと一本、輪を描くように真っ赤な線がついていた。

あわてて水道水で洗ったところ、すぐに血は流れ落ちた。それはいいとして、首元にはかすり傷一つないのに、いつどこで血液がついてしまったのか。

「……なんだよこれ、気持ち悪いな」

すっかりおびえてしまったKを、中尾さんはなんとか慰めた。

その日を境に、Kの様子がおかしくなった。

金縛りや悪夢をよく見るようになった、と本人は言う。傍目から見ても、肉体も精神状態も日に日にやつれていくようだった。

有名な神社でお祓いしてもらったそうだが、いっこうに改善しない。言動が不安定になってきて、最近は同棲中の彼女との言い争いも絶えないそうだ。

Kの両親からそれらの事情を聞いた中尾さんは、一度、電話で様子を聞くことにした。

「おい、大丈夫か?」

「……ここんとこ、変なんだよ」

Kの声は暗かった。

「最近ずっと、長い髪の女が後をつけてくるんだ。いや、ちゃんと姿を見たことはないよ。振り返っても誰もいないから。でも影なんだな、影。自分の影のすぐ後ろに、長髪の女の影がかぶさることが、よくある」

あれはなんなのかなあ……と、言っていることが明らかにおかしい。

そうこうするうち、Kはついに同棲していた恋人とも別れてしまった。マンションは一人で住むには広すぎるし、なによりKの状態が不安である。

さすがに心配した親族たちが、彼をいったん実家へ住まわせることにした。

ただ実家に帰って三日後、Kは行方をくらましてしまったのである。

大人だからと様子を見ていたものの、連絡なしの状態が二日、三日と続いた。そしてようやく、Kから家に電話がかかってきたのだが、その話も要領を得ない。いったいどこにいるのかと尋ねる家族に対して、

「いま？　家にいるよ」

それだけ答えて、電話を切ってしまったのである。

その後、家族の電話からいくらかけても、Kは出ようとしない。ほとほと困り果てた彼らは、中尾さんに相談した。仲の良いいとこ同士、一度連絡をとってみてくれと依頼してきたのだ。

「おう、久しぶり」

意外にも、Kはすぐに中尾さんの電話に応じた。

「お前、どこいるんだよ。みんな心配してるぞ」

「いやいや、家にいるよ」

「だから、その家ってどこなんだよ」

問いただしたところ、Kは以前住んでいたマンションの部屋に戻っていた。どうやらまだ契約を解除していなかったようだ。本人の言い訳によれば、引っ越しの掃除をしているというのだが……。

まあ、あまり刺激しない方がいい。中尾さんは話を合わせながら、

「そうか……そういえばこの前、髪の長い女の影につけられてるって言ってたけど、その後どうなった？」

それかあ、とKは電話口の向こうでため息をついた。

「まだ続いてるんだよ。この前なんか、掃除している俺の肩に、いきなり誰かが手を置いてきたんだ。なんだろうと思ってるうち、その手がどんどん重くなっていく。ぐいぐいぐいぐい体重をかけられてる感じだ。あんまり重くて、のけぞりそうになって、思わず振り向いたらさ。そこに髪の長い女が」

そこでプツン、と通話が切れた。

すぐかけ直したが、呼び出し音が鳴るばかりで繋がらない。

中尾さんは、例の逗子のマンションへと急いだ。すると家具もなにもないがらんとした部屋で、Kは気絶したように寝転んでいた。

起こして様子を尋ねたところ、Kはさきほどの電話を全く覚えていなかった。

「ああ、俺さっきまで、夢で首を吊ってたんだよね」

そして、突拍子もないことをベラベラまくしたてたてきたのである。

「夢だよ夢。変な夢だったなあ。このマンションのそばに公園があって、夜中になるとよく散歩してたんだ。あ、それは本当にそうしてたのね、夢じゃなくて。その公園の隅に桜の木があってさ。これも本当のこと。で、ここからが夢の話。

夢の中で、やっぱり夜中にその公園を散歩してたんだ。うろうろしてるうち、桜の木の前を通りかかった。そしたら、手をのばしたら届くくらいの高さの枝に、ロープが吊ってあるんだ。

長いロープだよ。枝のところで二、三回ぐるりと巻かれてて、片方はまっすぐ垂れ下がってる。もう一方の端っこは、ちょうど俺の目の高さのところで、まあるい輪っかが作ってあった。

で、夢の中の俺はロープに近づいて、輪っかの中を覗いてみた。ただなんとなく、輪の向こうの景色を見たかったんだ。そこでいきなりだよ。

どん！ って誰かに思いっきり背中を押された。勢いで頭がすっぽり、輪っかの中に入りこむ。あわててジタバタしてたら、背中を押した相手が、くるっと前に回ってきた。

女だ。髪の長い女だった。

そいつは、ロープの反対側を両手で握って、下に向かってぐいぐいひっぱりだした。首のところでロープが締まる。ぐいぐいぐいぐい、女が体重をかけてひっぱるもんだから、俺はどんどん上に持ちあげられて、そのうち足元が宙に浮きだした。

苦しい！　死ぬ！　そう思ったところでロープがちぎれて、地面に尻もちをついた。すぐに顔を上げたけど、もう女はいなくなってた。ぶっつり切れたロープの片割れも無くなってた。たぶん女が握りしめたまま、どこかに持っていったんだろうな」

それで助かったんだ……とKは話をしめくくった。黙って耳を傾けていた中尾さんが、そこでおそるおそる言葉を返す。

「……なんだそれ、変な夢だな」

気まずい沈黙が流れる。

そこで「あっ」とKが声をあげた。なにかと思って見つめると、

「ごめん、夢じゃないかもしれない」

また意味不明なことを口走ってきたのだ。

「はあ?」中尾さんは思わず声を荒げた。

「俺、本当に首吊ったかもしれないんだ」

じっと前を見つめながら、Kが呟く。

「いや、夢だろ？　さっきまで夢って言ってたろ？　いきなりなんなんだよ」

「ごめん、でも今、ポケットの中さわったら、これがあったから」

Kは上着の中をまさぐりだした。

「俺の首についてた方だな。そのままポケットにつっこんで、忘れてたのかな」

確かに、Kのポケットから、なにかの塊《かたまり》がはみ出している。

太く編まれた、ロープの縄だ。

中尾さんは目を見開いた。ずっと相対していたが、先ほどまで、そんなもの無かったはずだ。その大きな塊はポケットにまったくおさまりきれていないのだから、もしあれば気づかないはずがない。

Kは、ぐにゃぐにゃに丸まったロープをつかみ、目の前へ放り捨てた。

それは床の上でゆっくりと広がり、元の形へと戻っていく。

見れば確かに、ロープの一方の先は輪っか状に結ばれていて、もう一方の先端は、無理やりひきちぎられたように切れ目がほつれていた。

すきまから

全体的に青っぽく、不鮮明な写真だった。手ぶれなのか、ガラスごしに撮影しているのか。どうにも、ぼんやりした対象物しか写されていない。かろうじてわかるのは、狭い場所で誰かを撮ったシーンなのだろうな、ということくらいだ。

宇佐さんという男性が、私にメールで送ってくれた画像である。
宇佐さんの説明によれば、これは彼の友人Aが、車の中にいる幼い息子さんをスマホで撮ったものだという。

「画像を見ていただければわかるかもしれません。自分には明らかに子どもではないものが写っているように見えました。中央に青い女性の顔、そのすぐ下に巨大な目、そして横に数珠のようなものがありました」

まあ、言われてみれば、それらしきものが写っている気もする。中央部分の影は、確かに「手で口をおさえ、泣いている女性の顔」のように見えるし、その表情もあいまって不気味な印象であるのは間違いない。

とはいえ、さすがに写真としては全体がボヤけすぎている。宇佐さんからは「トリミングしている」とも言われているので、ごく一部をクローズアップしたものかもしれない。しかしそれならそれで、元画像を見せてもらわなければ状況がつかめない。

結論を言えば、これがいわゆる「心霊写真」かどうか、私にはどうも判断がつきかねる。宇佐さんには、その旨をやんわりと伝えておいた。

……いや、ここまでは、私の説明が悪かった。

もらったメールを読み返してみたが、写真を送ってくれた宇佐さんも、撮影者たる友人Aも、別にそれが「心霊写真」だとは一言も主張していない。

友人Aはただ、「気持ち悪い写真」と述べていただけだ。

そしてなにより、宇佐さんの話の趣旨は、これが心霊写真かどうかではなく、なぜ写真を入手したかという前段階にこそあるのだから。

その時、宇佐さんと友人Aは、二人で外食をしていたのだという。

そこでふと宇佐さんは、テーブルの対面に座っているAの口に、違和感を感じた。

じっと目をこらして気がついた。Aの下の前歯から、細長くて黒いなにかが、ひょろりと飛び出していたのである。

「口の中、糸みたいなのがついてるよ」

宇佐さんがそう伝えたところ、

「あぁ？」Aは口元に手をやり、こう呟いた。

「……まただ」

そして前歯にはさまったものを、指で引っぱりだした。

それは歯の隙間から、思いもかけないほどの長さで、ずるずると引きずり出されていった。宇佐さんは呆気にとられつつ、Aが紙ナプキンの上に捨てたものを見つめた。

明らかに、人間の長い髪の毛だった。

しかも一本だけではなく、数本の毛がからみついた束になっている。

「……なに、それ？」

「わからない。最近こういうこと、よくあるんだ。気持ち悪いよな」

Aは植木職人で、髪型は短髪のツーブロック。さらにパーマもあてている。どう考えても彼の毛ではない。

「どのタイミングで、そんなものが口に入るんだよ」

「自分の体の中から出てくる気はする。でも、わからない」

どこまで本気で心配しているのか。まるでニキビを気にしているといった程度の口ぶりで、Aが説明してきた。

「気持ち悪いな」

「うん、そうだな。でも気持ち悪いことなら、他にもあるんだよ」

Aはスマホを取り出すと、一枚の写真を表示した。

「車の中にいる子どもを撮ったら、こんな風になった」

そうして見せられたのが、最初に説明した画像なのである。

「ここ最近、子どもを撮ると、いつもこんな風にゆがむんだよ。動画も同じ。気持ち悪いから、なるべく全部、消すようにしてるんだけど」

宇佐さんはなにも答えず、紙ナプキンの上の毛の束を見つめた。

これって絶対、女の髪だよなあ……と思いながら。

その場ではAの話を黙って聞き流した宇佐さんだったが、私宛てのメールでは、彼なりの「心当たり」が記されていた。

それによれば、Aの女遊びは、少し度が過ぎているのだという。

Aの仕事は毎シーズンの繁忙期に大きな収入を得る。それに合わせて羽振りがよくなるため、Aは昔から一年ごとに新しい愛人をつくっているそうだ。

さらにAの奥さんは、そうした事情を知りながら生活をともにしている。

奥さんは精神的にも身体的にも健康とは言いがたく、家に閉じこもらざるをえない。宇佐さんの言葉によれば「軟禁状態」になっているのだという。

Aは奥さんから、恨みのこもったエネルギーでも受けているのではないだろうか。

……というのが、宇佐さんの言い分だ。とはいえ、もちろんこれはただの想像、心当たりの一つに過ぎない。

とにかく事実だけを整理すれば、以下のようになる。

Aは今でも、愛人をとっかえひっかえし、奥さんはそれを黙認し続けている。

そしてあいかわらず、Aの口からは長い髪の毛が出続けているし、子どもの写真は全てゆがんでしまっている、ということだ。

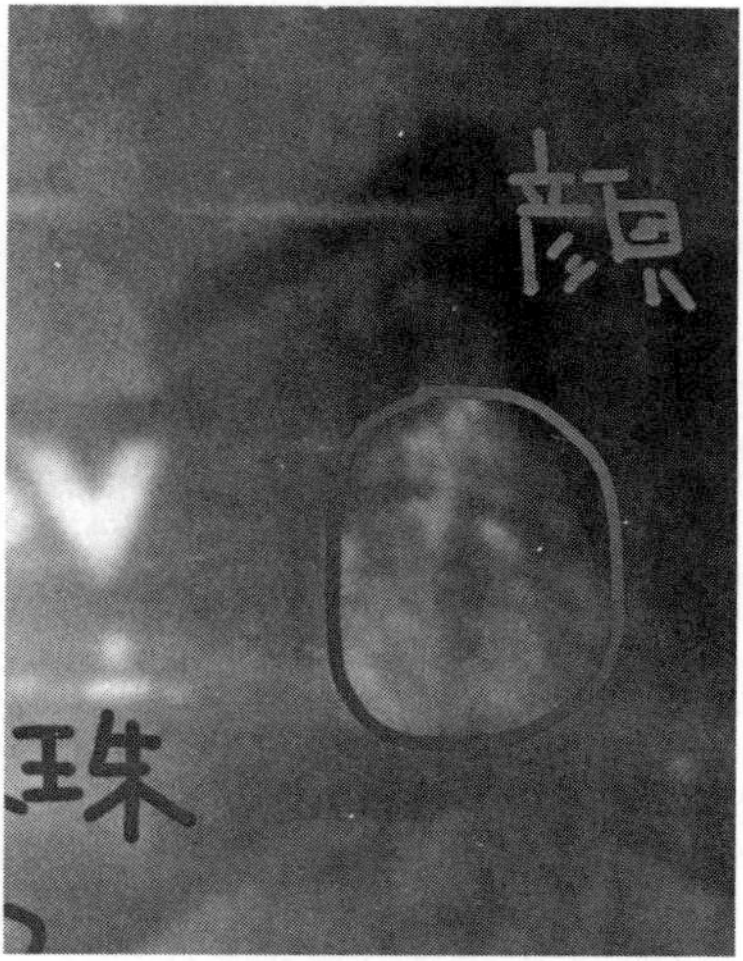
顔
珠

ほほ笑み

医療関係の仕事をしている知人から聞いた話。

彼女の上司にあたる、医師のAさんが若い頃にした体験だという。

二十年ほど前、Aさんは一人の老人を看取ることとなった。それも病院ではなく患者の自宅にて、である。

近年、自宅で最期を迎えるケースは難しくなっているらしいが、老人の家は恵まれた環境にあったようだ。

在宅での終末期ケアがなされ、老人は静かにあの世に旅立った。Aさんもその場に立ち会い、死亡診断書を作成するための死後診察を行う。遺族もとうに覚悟しているので、いっさい取り乱すことなく、それを見守っている。

ここまでは、すべてスムーズに進んでいたのだ。

三十分ほどした頃だろうか。老人の顔をなでながら、遺族の一人がこう呟いた。

「なんだか生きている時より元気みたいよね、まだ温かくて……」

おや、と思ったAさんが遺体に目をやる。その死に顔はまったくもって穏やかで、それはそれでよいのだが……。なんというか、あまりに穏やか過ぎるのだ。

老人の頬は、むしろ先ほどより赤味がさしており、やけに血色がよい。触診してみれば、こちらの手の方が冷たいくらいに、体温が感じられてしまう。

これはいったい、どういうことなのか。

意識も呼吸も脈拍も、他のバイタルサインはいっさいなし。どう考えても、目の前の患者は死んでいるはずだ。

それなのに、体温だけがずっと下がらない。

というより、危篤状態だったここ数日の体温に比べ、高くなっているほどだ。

とにかく様子を見ようと待っているうち、二時間が経過した。

それでも老人の頬の赤味はとれない。むしろその表情はだんだん柔らかく、「死に顔」から遠ざかっていくようだ。

いや、それどころか……。

いつのまにか老人の顔は、穏やかなほほ笑みまで浮かべているではないか。

枕元にしゃがみこんだAさんは、おそるおそる布団をめくった。

そして老人の背中と敷布団の間に、すうっ、と右手を差し入れてみたのである。

ぬくぬくとした温かみが、その手に伝わってきた。

その温度に逆らうかのように、Aさんの背筋は寒くなった。


とはいえ結局、Aさんは死亡の診断をくだし、遺体は葬儀場へと運ばれていった。

その他の生命反応がない以上、どうしても「死亡診断書を書けない理由」にはならなかったからだ。

そして老人は、穏やかにほほ笑みながら、温かい体のままで、火葬されたのである。

……ある日の仕事中、私の知人はAさんから、そんな体験談を聞かされた。

まあ、遺族の気持ちはともかくとして、だ。

これを聞いた時、知人は「すごく、嫌な話だな」と思ってしまったらしい。


それとはまた別に、寧子さんという女性から、こんな話も聞いた。

三十年ほど前、小学四年生の寧子さんが、一人で下校していた時である。

その途中、いつも前を通りがかる寺があるのだが、なんだか今日は様子が違う。門の中を覗いてみると、大きな葬儀が行われていることに気がついた。

参道には、葬式用の大きな看板が掲げられている。そこに記された「〇〇家」の名前には見覚えがあった。

近所で、通学班が一緒である六年生のお姉さんと、同じ苗字だったのだ。

山形県の郊外にある小さな町だ。このあたりで一軒しかない名前だということは、子どもながらにわかっている。

気になった寧子さんは、もっと注意深く葬儀場の人々をチェックしてみた。

するとやはり、六年生のお姉さんと、その母親の姿が目に入ってきた。二人とも喪服姿で入り口に立ち、弔問客に挨拶している。

……ああ、あそこのお婆ちゃんが、亡くなったんだなあ……。

そういえば、けっこうな年齢だったような気もする。あらためて看板を見れば、苗字の下には古風なファーストネームが続いていた。お婆ちゃんの名前は知らないが、その葬式で間違いないだろう。

家に帰ったら母親に報告しよう。そう思いつつ、寧子さんはまた通学路を歩き出した。

寺の脇を曲がったところは、昔ながらの細い路地だ。大きな屋敷があるため、道沿いには高いブロック塀がずっと続いている。さらにその塀の下は、蓋のない側溝となっている。

なにげなく寧子さんが視線を落とすと、側溝に浅く張られた水の上を、なにか白いものがゆらゆら流れているのが見えた。

四角くて小さな、真新しい紙だった。

どうもそれは、ひっくりかえったポラロイド写真の裏側のようである。

……なんだろう。

寧子さんはなにげなく、腰をかがめてそれを拾ってみた。

くるり、と裏返してみて驚いた。

そこには老婆が写されていた。

さきほど葬儀をしていた家の、あのお婆ちゃんではないか。

真っ白いスペースの中で、真っ白い着物をつけた上半身を、真上から撮影している。

寧子さんの頭が、ざわついた。

……つまりこれは、死に装束を着て、棺の中に寝ているところではないのか。

それならまだ、葬儀中の写真が捨てられたということで説明がつく。

しかしお婆ちゃんは、しっかり目を開いてカメラを見つめ、ほほ笑んでいる。

まるで親しい人に話しかける直前のような穏やかな笑顔を、こちらに向けているのだ。

寧子さんはあわてて、その写真を真下にほうり捨てた。
すると側溝の先に、同じものがいくつも浮かんでいることに気づいた。
十枚ほどあるそれらは全て、裏側を向けたポラロイド写真だった。
白い紙たちが、ゆらゆら、ゆらゆら、こちらの方に流れてきた。

思い浮かんだ女

太一さんは二十歳の頃、三十二歳の女性とつきあっていた。

二人の年齢差は、ちょうど干支《えと》ひとまわり分ということになる。

また、かなりの遠距離恋愛だったので、直接会ってのデートはたまにしかできなかった。

その代わり、深夜に長電話をするのが毎日の習慣となっていたそうだ。


正月の夜だったという。

「あけまして、おめでとう」

太一さんはいつものように、彼女との電話をつなげた。

そのまま三十分、一時間と会話を重ねていく。

しかし深夜一時を過ぎた時点から、いきなり様子がおかしくなった。

なんだか彼女の口数が、ぴたりと少なくなったように感じられたのだ。

聞いているのかいないのか、太一さんへの相づちも途切れがちになっていく。

「どうした、もう眠くなっちゃった？」

「え？　ううん、そういうわけじゃないよ」

だけど……。

彼女はいったん言葉を切って、ためらいがちに、こう続けてきた。

「ねえ、今から変なこと言うよ。私の頭の中で、女の人がこっち見てる」

はあ？　なんだそれ。

そんな言葉が、太一さんの口から出かかった直前。

彼自身の頭にも、ふいに強烈なイメージがなだれ込んできた。

女だ。

こちらに背中を向けて、ストレートヘアの黒髪が肩までかかっていて、グレーのダッフルコートを着ている。顔はわからないが、立ち姿や服装から、年齢は二十歳前後だろうか。

そんな女だ。

不思議な感覚だった。目の前にいる訳でもないのに、脳内で勝手に、くっきりと鮮明な女の映像が結ばれてしまうのだ。

「なんか変だ。俺も頭の中に、女の姿が思い浮かんできたんだけど」

「え、本当に？」

「そっちは、どんな顔した女が見える？」

「うん……正面を向いてるけど、顔はモザイクみたいになってて、はっきりしないんだ。でもなんか、二十歳くらいに見える。髪型は……黒髪のストレートで、肩先くらいの長さ」

じわり、と電話を持つ手が汗ばんでいく。

「……なに着てるかはわかる？」

「そうだね……コートを羽織ってるみたいだね」

「ダッフルコート？」

「あ、そうそうダッフル」

「色は？」

「えっと、グレイかな」

いったい、これはなんなんだ。

自分たちは今、同じ女を、反対の向きから同時に見ているのか？　どうしてそんなことが起こる？　いや、そもそもとして、だ。

太一さんは彼女に、根本的な質問を投げかけた。

「それ、いったい誰なんだろう？」

「いや……わからない。全然わからないけど」

と、そこまで確認したところで、また予期せぬ事態が起きた。

突然、体ががくがくと震えはじめたのである。

不安や恐怖による悪寒ではない。

異様なほど、寒い。すさまじい冷気が体を包んでいるのだ。

もちろん真冬なので外気温は低いが、室内はずっと暖房をかけている。数秒前まで、寒さなどまったく感じていなかったのに。

後にも先にもそこまで震えた経験はないというほど、太一さんの全身が激しく揺らいだ。

その混乱にかぶさるように、電話口の向こうから、小さな悲鳴が聞こえだす。

「なにこれ！　寒い！　寒い！」

彼女もまた、猛烈な寒気で、体が激しく震えだしたというのだ。

「と、と、とにかく、い、いったん電話、切ろう」

そう声をかけ、通話ボタンをオフにする。

そのとたん、ぴたりと震えがおさまった。冷えた体が、じんわり暖まっていくのを感じる。脳内に浮かんでいた女のイメージも、いつのまにか消え去っていた。

まったく意味がわからない……。ともかく気持ちを落ち着かせようと、深呼吸する。

そこで、はたと気がついた。

あの女の正体がわかったのだ。

なんの根拠もないのに、「絶対に間違いない」という強い確信を抱いた。

あわてて電話をかけなおす。

しかし通話が繋がった瞬間、声を発したのは彼女の方だった。

「あれ、私だ」

その答えは、太一さんと完全に一致していた。

服装にも髪型にも覚えがあると、本人が言うから間違いないのだろう。

それはぴったり二十歳の時の彼女だった。

現在よりも干支一まわり分だけ下の、当時の太一さんと同い歳の、そして太一さんが知るはずもない頃の、二十歳の彼女。

正月一日が明けて二日になる深夜、二人はなぜか、その姿を思い浮かべていたのだ。

彼女は前の方から。太一さんは背後から。

左手と髪

まずは、寺田さんが私に提供してくれた体験談から語り出そう。

二〇〇三年、まだ肌寒い初春のこと。

当時の寺田さんは、深夜のドライブを趣味としていた。仲の良いH先輩と夜な夜な、あてもなく様々な場所へと車を走らせていたそうだ。

ある日、彼らは東京近郊のキャンプ場へ行くことになった。H先輩によれば、そこは小学生の頃の彼が合宿をした場所なのだという。

「なんか、急に懐かしくなっちゃってさ。行ってみようぜ」

まあ、深夜ドライブの距離としてはちょうどいい。

二人は二十三時に地元の埼玉県を出発。ファミレスで夜食をとったり、近くにある鍾乳洞の入り口を見たりなどして、三時間後の深夜二時、ようやく目的地に到着した。

山々に囲まれた湖のほとりにある、小さなキャンプ場だった。

やけに明るい街路灯が設置されていて、深夜にもかかわらず周辺をぐるりと見渡すことができた。まだ三月の寒い時期だからだろう、利用客は一人もいない。

「ああ思い出した……。あそこでキャンプファイヤーとかやったんだよなあ」

しみじみと感傷にひたるのはいいが、寺田さんとしてはトイレに行きたくなってきた。すぐ近くの大きな橋のたもとに、駐車場と公共トイレがあったので、そこまで移動。用を足した後、二人でタバコをすいながら休憩していた。

その時である。

ヴオオオン……ヴオオオン……

なにやら低く重い音が、あたりに響きわたった。

「……あれ、なんだろう」

寺田さんはまず、「大晦日の除夜の鐘」を思い出した。

「近くにお寺かなにかあって、鐘でも鳴らしてるんですかね」

ただ、しばらくたってもその音が鳴りやまない。いつまでもいつまでも、低い音が断続的に鳴り続けている。

「でも今、深夜二時だぜ……？　こんなにずーっと鐘なんて打ち続けるか？」

さらに気味悪い点に気がついた。音が鳴っている出所が、まったくわからないのだ。耳をすませても、どちらの方向から聞こえてくるのか判然としない。まるで自分たちが、その音に取り囲まれてでもいるかのようだ。

ヴオオオン……ヴオオオン……

見渡す限り誰もいない、真夜中の湖のほとり。そこに響きわたる、謎の低い音。

「……もう、帰りましょう」

このままここにいたら、なにかまずいことになる。そんな危機感を覚えた二人は、急いで車に乗り込み、その場を後にした。

埼玉の自宅に到着し、H先輩と別れたのが朝の五時すぎ。

いつになく疲れた上、全身がすっかり冷えきっている。部屋に入るなり、寺田さんはファンヒーターのスイッチを入れた。

布団に入る前に、まず体を温めないと……。

背中を丸め、赤く灯った熱源に、両手をかざしていたところ。

「……あつっ!」

びくり、と体がはね起きた。いつのまにか、うとうと眠りこけていたのか。

左手を見れば、甲の部分がやや大きめに火傷《やけど》してしまっている。どうやら寝ぼけて、ファンヒーターの吹き出し口に接触していたようだ。

「あちゃあ……やっちゃったよ」

そう思いはしたが、疲れと眠気が限界にまで達していた。さっと水で冷やしただけで処置を済ますと、またすぐ布団に入り、眠りについたのである。

目覚めたのは、それから六時間後。ほぼ十二時ぴったりの時刻だったのは間違いない。寝起きにテレビをつけたところ、ちょうどＮＨＫの昼のニュースが始まったからだ。

ぼんやりと画面を眺めるうち、全国ニュースが終了。十二時十五分から首都圏のニュースが始まる。アナウンサーが一つ目のニュース原稿を読みはじめる。

「……今日の朝、奥多摩町の山中で、バラバラになっている遺体が発見されました」

一気に目が覚めた。

ニュースによれば、地元民が道ばたに落ちていた人体の数ヶ所を見つけたのだという。

しかし現時点では身元はおろか、性別も、国籍すらも不明である。

なぜなら見つかったのは、左右二つの手首と、左足首、そして髪の毛の束だけだったからだ。

布団の上に座り直し、じっとブラウン管の画面を凝視する。

山道の現場映像に続いて、画面には大きな橋が映し出された。

奥多摩町の山中。そこはまさに、自分たちが昨夜遅くにドライブしていた場所ではないか。鍾乳洞まで行ってUターンしてきた、あの道路だ。

そしてテレビに映された「峰谷橋《みねだにはし》」は、あの怪音に囲まれた地点である。事件現場からは離れているが、おそらく制作スタッフが、「奥多摩町」という情報をわかりやすく提示するため、観光名所のカットをはさんだのだろう。

そしてアナウンサーは最後に、こんな原稿を読みあげた。

「遺体は現在、身元が判明しておらず、警察が捜査中です。ただ手がかりとして、発見された左手の甲の部分に、五百円玉くらいの火傷の痕があったということです」

……火傷？　左手？

ハッとした寺田さんは、左手を目の前に持ち上げた。

その手の甲には、五百円玉ほどの、丸い火傷の痕が残っていた。

左手と髪 その後

以上の体験談を寺田さんから聞いたのが、二〇一九年八月末。

それまで事件についていっさい知らなかった私は、まずその概要から調べ始めることにした。

二〇〇三年三月に起きたこのバラバラ事件は、いまだ未解決。警視庁のホームページでは現在も、「日原街道脇崖下女性殺人事件」という名称で情報提供が呼びかけられている。

見つかったのは先述通り、左右二つの手首と、左足首、髪の毛の束だけ。犯人はおろか、遺体の他の部位すら、まったく発見されていない。

ただ、鑑識によって幾つかの身体的特徴は判明した。

被害者は二十〜三十歳前後の女性で、身長一五五センチ前後。足爪には赤いペディキュアを塗っており、右足親指にタコがある。

なにより特徴的なのは、その髪の毛だ。「きわめて硬く、太い黒髪」であることが、警視庁の発表や、当時の新聞記事で何度も触れられている。

そのあまりの太さから、被害者は外国人ではないかと予想する向きもあった。ただ、私個人の調査で恐縮だが、そもそも日本人の毛髪は世界トップクラスの太さであるようだ（東アジアの遺伝的特徴が強いため）。

これより太い髪質を持つのは、人口的にごく少数の「赤毛」しかない。しかし黒く染めればすぐわかることだし、赤毛を持つのはほぼ白人に限られる。そこまではっきりした人種的特徴を見落とすはずはないので、この可能性は除外してよいだろう。

ただでさえ特別に太い日本人の髪を、はるかに上回る太さの黒髪。処理に困る手足ならまだしも、なぜ犯人はわざわざ被害者の髪をごっそり剃って、一緒に捨てたのか？　しかも、こんなに特徴の強い髪の毛を、だ。なにやら呪術めいた臭いを感じないだろうか。

警察側も、その珍しさが捜査の糸口になりうると判断したのだろう。事件後しばらく現場付近に設置されていた看板には「太いバリバリの黒髪が発見されました」と強調する文言が記されていた。

そして、寺田さんの体験の核心となる、左手の火傷痕について。

これに関しては不思議なほど、その後の続報でいっさい触れられていない。寺田さん自身も、件の第一報以来、二度と聞くことのなかった情報だったという。

「確かに、ＮＨＫのニュースでそう伝えられていた記憶があるんですけど」

とはいえ寝ぼけまなこでの勘違いということもあるかもしれない……と、本人ですら弱気な発言をもらす始末。

それでは実話怪談として使えるかどうか、危ういところだ。この体験談については、いったん保留することにした。とはいえ、事件自体が興味深いことには変わりない。ともかく九月中は仕事の合間に、事件および地元の周辺事情を調べていったのである。

まずあたってみたのは、奥多摩町出身の知人女性・チホ。彼女によれば、事件直後の町内では、さっそく心霊めいた噂がささやかれていたそうだ。

さらにチホ自身による、ささやかな怪異体験も語ってくれた。


……バラバラ死体の事件がニュースでやってからだね。

「遺体が捨てられた道路に、女の幽霊が出る」っていう話を、地元の人たちがよくするようになったのよ。まあ、それだけなら、ありがちな噂なんだけど。

うちも実は、そこの道で、よくわからないものを見かけてるんだよね。

昼間、親の車に乗ってた時だった。少し遠くの方で、反対側の道路に立ってる、変な人影が見えたんだ。近づいていくうちに、それが女だってわかった。

でも、はじめは頭のおかしいやつだと思ったのよ。

道路ぎりぎりに立って、首をこう……直角に突き出してる、変な姿勢だったから。

体は歩道にあるんだけど、きっちり頭だけを車道側に出してるのね。

そこでちょうど反対車線から、けっこうなスピードで車がやってきたのよ。

でも、車がどんどん近づいてくるのに、女は一ミリも体を動かさない。車も車でブレーキかけないいし、ぎりぎりに立ってる女をぜんぜん気にしてない。

（あぶない！　ぶつかる！）

って思ったら。

車は、すうっと女の頭をすり抜けて……なにごともなかったみたいに走ってったのね。

女もずっと直角に頭を傾けたまま。うちらの車が、その前を通り過ぎていった。

そこでようやくわかったんだ。

（ああ、あの女はうちにしか見えないんだ）

だから、運転している親にも、一言も教えなかった。

あとはまあ、これは本当にその時、うちが勝手に思った感想ってだけなんだけど……。

あの女の人、自分で自分の首を切りたがってたのかなあ……って。

少なくともチホ本人は、自分の見た女をバラバラ事件と結びつけて考えているようだ。

また調べてみると、現地では、他にも驚くような事件・事故が起きていた。

遺棄現場すぐ近くの鍾乳洞では、一九八六年、上智大学の男子学生が、地底湖ダイビング中に行方不明になっている。遺体が見つかったのは、実に二十五年後の二〇一一年。インターネットを漁ると、付近では男性の幽霊を見かけたという噂もささやかれていたようだ。

また日原バラバラ事件から半年後の十月。同じ奥多摩町にて、また人間の右腕が発見されたのだ。ここから「東京・山梨連続リンチ殺人事件」という凶悪事件が発覚していくのだが……今は詳細を書く紙幅がない。ともあれこの事件、いまだ主犯格が海外逃亡中のため、全貌が解明されたとも言い切れない。時期も現場も近い日原バラバラ事件と、あるいは関連があるやもしれない。

……こうした情報を収集していくうち、一カ月が過ぎていった。当時の新聞各紙にも目を通しておこうと図書館に向かった私は、ある記事に思わず目を奪われた。そこに、こんな記述を発見したからだ。

「(前略) また切断面が鋭いことから、遺体の切断に使われたのは**電動ノコギリ**である可能性が高いこともわかった。(中略) このほか、**左手の甲に見つかったやけどのような跡**は、犯人が遺体切断時に押さえた跡である可能性が高く、また足の大きさは（以下略。太字は筆者による）」（讀賣新聞二〇〇三年三月十四日　東京朝刊）

寺田さんの思い違いではなかった。遺体についた傷の原因が火傷だったかどうかは曖昧になってしまったが、少なくとも同じ部位に似たような傷跡がついたことは事実だったのだ。

さらに同記事内の「電動ノコギリ」という記述も気になった。峰谷橋で寺田さんが囲まれた、怪しい重低音の響き。それはもしかして電動ノコギリの駆動音に近かったのでは……というのは、邪推が過ぎるだろうか。

ともあれ、これでようやく実話怪談としての格好がつく。そう判断した私が、現場取材を行おうと予定を調整していた、その矢先である。

二〇一九年十月十二日。読者の記憶にも新しいだろうが、この日、台風十九号が日本列島で猛威をふるった。これによって日原街道が崩落。部外者は完全通行止めとなり、現地訪問が不可能になってしまったのだ。

街道は執筆当時、復旧の見通しがたたず、日原地区は孤立したままだ。早くても春は過ぎるという。こうなっては仕方がない。寺田さんが怪音を聞いた峰谷橋には行けるので、とにかくまず周辺スポットだけは訪れておいた。

そしてこの台風被害はまた、寺田さんの近辺にも影響を及ぼした。

詳細は書けないが、彼の知人が日原街道を訪れており、現場付近で事故を起こしていたのだ。幸い大事にはいたらなかったものの、一つ間違えば亡くなっていてもおかしくはない事態ではあった。

さらに言うなら、その時の事情が少しだけズレていれば、知人の代わりに寺田さん自身が十六年ぶりにこの道を訪れ、事故に遭っていたかもしれなかったのである。

寺田さんに当時のエピソードを取材してからわずか一カ月で、これらの出来事が立て続けに起こった。

もちろん、台風による被害も、現場付近での事故も、ただの偶然に過ぎない。

街道が復旧した際には、私はまた現地を訪ねるつもりだ。

しかしこの怪談事件への取材は、どうも一筋縄ではいかなさそうである。

首ねっこ

玉枝さん自身は、特に不思議な体験をしたことなどない。

幽霊らしきものに出会ってもいなければ、祟りめいた不幸にあったこともない。そう断言できるそうだ。

ただ、これまでに二度、部外者として「祟り」を観察したことはある。

自分は関係ない立場ながら、身近な人が祟りに巻き込まれていくのを、すぐそばで見聞きしたことならある……というのだ。

まず一つ目。

玉枝さんが三重県鈴鹿市に住んでいた頃である。すぐ近所に、カラスを飼っている金物屋の主人がいたそうだ。

地面に落ちて弱っていた子ガラスを拾ったところ、それが主人によく懐いた。主人もなにかとカラスの面倒をみて、かわいがっていた。

そうした経緯があったので、カラスも人に慣れていたのだろう。客の出入りに動じることもなく、軒先にちょこんと立っていることがよくあった。

そこを、近所の野良猫に狙われた。ある一匹の猫がやってきては、たびたびカラスを襲うようになったのである。本気で仕留めたいのか、ただのイタズラなのかはわからない。ともかく、カラスはすっかり怯えきって、店の奥にひっこんでしまった。

腹を立てた金物屋の主人は、野良猫をエサでおびきよせて捕まえると、檻の中に閉じ込めた。そして店から「押し切り」を持ち出してきた。藁を切るために使う、大きな刃の固定式カッターである。

後は言わずもがな。猫の頭と胴体は、別々に切り離されてしまったのだ。

その数日後。

近鉄鈴鹿線・平田町駅の近くにて、金物屋の主人が原付バイクを走らせているのを、多くの人が目撃した。

ただ、その様子がどうもおかしい。青ざめた顔で、踏切へと続く坂道をまっすぐ、どんどんスピードをあげながら走っていく。

当時、その踏切には遮断機がなく、住人はいつも目視にて安全確認していた。とはいえまっすぐな線路で、ずっと遠くまで見通しがきくので、さほど危険はなかったのだ。

その時も、平田町行きの列車が迫ってきているのは、誰の目にも明らかだった。

しかし主人は、がくがく体を震わせ、泣きそうな顔をしつつも、いっこうにブレーキをかけようとしない。

「あぶない！　行ったらあかん！」

線路脇で農作業しているおじさんが叫んだ。

それでも主人のバイクは坂道をのぼり続け、吸いこまれるように線路に入っていく。

甲高いブレーキ音、硬いものがはじける音。

皆があわてて駆けよると、坂の上から、主人の首がゴロゴロと転がってきたそうだ。


そして二つ目。

岐阜県に引っ越した玉枝さんは、とある宿泊施設で働いていた。

ある日のことだ。同僚であるAさんの姪っ子が、悲壮な顔で施設を訪ねてきた。

「家出をしてきた。部屋が空いていたら、一晩でいいので泊めてほしい」

彼女の母親——つまりAさんの姉——と、そうとうな悶着があったらしい。

そこは専門職の人のための福利厚生施設なので、本来なら旅館のように一般人を泊める訳にはいかない。

ただし今回は事情もありそうだからと、施設長が特別に許可してくれることとなった。

「あの子、前からずっと、姉に結婚を反対されてたから……」

憔悴した姪っ子が寝ついた後、Aさんは玉枝さんに事情を話してくれた。

その彼氏を両親に紹介したところまでは、なんのトラブルもなかった。しかし相手の家庭事情がわかるにつれ、母親であるAさんの姉は、猛反発したのだった。

「妹の私から見ても、頭がおかしくなったかと思うほど異常な反応だったわね」

その事情とは、相手方の妹にまつわること。婚約にあたり、姪は恋人から次のようなことを打ち明けられたのである。

「自分の妹は、首から下がマヒしている。今は両親が世話しているが、それができなくなったら、僕が妹の世話をしなければならない。それでもよければ、結婚してくれますか？」

姪はそれを受け入れた。

しかし彼女の母親はどうしても、どうしても、了承できなかったのである。

「実は、それにも理由があって……」

Aさん姉妹が小学生だった頃にさかのぼる。

当時、家で飼っていた白猫が、数匹の子どもを産んだ。そのためしばらく、子猫たちが家のあちこちをうろついている状態が続いていた。

とある夕暮れ時のこと。Aさんたち姉妹が漫画に夢中になっていると、隣の部屋から母親の声が響いてきた。

「ほら、雨戸、閉めておいて！」

それは姉の役目だったのだが、「う〜ん」と生返事したきり、漫画から目を離そうとしない。（大丈夫だろうか、お母さんが怒りだすぞ……）とAさんが思っているうち、十分ほど過ぎたあたりで母親が怒鳴りこんできた。

「いい加減にしなさい！　雨戸閉めてって言ってるでしょ！」

しぶしぶ立ち上がった姉は、ぶつくさ文句をたらしながら縁側へ近づいた。

そのまま苛立ちまぎれに、勢いよく雨戸を閉めたところ。

「ぎえっ」という小さな声が下から聞こえた。

次の瞬間、白猫が絶叫しながら姉にとびかかってきた。かみつき、ひっかき、できうる限りの攻撃を、姉にくわえてきたのだ。

「なに！　ちょっと！　やめて！」

Aさんは、その争いをいっさい無視して、急いで雨戸へと駆け寄った。

窓枠と雨戸のすきまに、子猫の首が挟まれていたからである。

子猫はしばらく生きていた。ただし首から下に力が入らず、寝たきりの状態となってしまったのである。

家族たちが必死の看護をしたが、それも空しく、子猫は一カ月後に命を落とした。

その一カ月の間も、白猫は姉を襲い続けた。しかもきまって上から飛びかかり、首を狙うように爪や牙をたててきたのだ。明らかに、本気の殺意を抱いての襲撃だった。

もちろん姉は、そのことを覚えているのだろう。

そして妹であるAさんもまた、こんなことをはっきり断言したのだ。

「姉さんは、猫に祟られているんだと思う」


祟りとはなんだろうか。

二つの話とも、偶然に過ぎないと片付けることはできる。そこに関連性を見出してしまうのは、本人や周囲のものたちの恐怖心や罪悪感によるものだ、と切り捨てることもできる。つまり、「気にしすぎ」というやつだ。

特に私のような人間は、祟り・因縁というものについて、ちょっと醒めた見方をするタイプなので、そう考えてしまうことが多い。

そもそも祟り・因縁というもの自体が「恐怖心や罪悪感による関連づけ」という思考とイコールなのだ……と、うがった嫌らしい見方をしてしまったりもする。

しかし、また別の疑問も残る。

それらのエピソードを見聞きしていた、玉枝さん自身についてだ。

彼女はただの傍観者なので、祟り・因縁から少し離れた、客観的な位置にいる。

しかしなぜ彼女は、こうも立て続けに「猫の首の祟りを怖れる人たち」と出会ってしまうのか。

その数奇な偶然については、なんとも説明がつけられない。

閉店作業

昇さんは、某大型リサイクルショップの店長を務めている。

その夜、彼は一人でショップの閉店作業を行っていた。

貴金属も置いてあるため、戸締りは厳重に行わなければならない。すべての出入り口を閉めきった後、自分は従業員用の裏口から外へ出ることとなる。

そして最後は搬入用のトラックを動かし、横づけする形で裏口ドアを完全にふさいでしまう。もちろん警備会社のセキュリティにも入っているが、さらに万全を期すためだ。

それら作業をこなした昇さんが、移動したトラックから降りてきた、その瞬間である。

ガンッ、ガンッ……

たった今ふさいだ裏口ドアの向こうから音がした。えっ、と思って耳をすます。

ガンッ、ガンッ……

間違いない。扉の内側から、なにものかがノックしている。

しかし、誰かが残っていることはありえない。他のスタッフたちはとっくに帰った後で、退店前にも入念な見回りを行っている。いずれにせよ、防犯スイッチを入れているので、店内でなにかが動けばアラームが作動するはずなのだ。

(うわあ……これは、無視しなきゃいけないやつだ)

怖くなった昇さんは、店長としての責任を放棄し、そこから逃げ出してしまった。

そして翌朝、開店準備の時間となる。昨夜の恐怖体験があるため、裏口を開ける際、もう一人のスタッフに同行してもらうことにした。

「本当なんだよ。昨夜、このドアの中から、こういうノックの音がしてさあ……」

スタッフに説明しつつ、昇さんがドアを叩いてみると。

コッ、コッ……

明らかに音が違う。そこでようやく、昇さんも気がついた。

この裏口ドアは以前、ガラス張りだったのだが、搬入時のミスで丸ごと割ってしまっていた。そのため上半分にアクリルを嵌め、下半分がアルミサッシとなっているのだ。

あらためて下のサッシをたたくと、「ガンッ」と聞き覚えある音が鳴った。

つまり昨夜のなにものかは、非常に低い位置から、扉をノックしていたことになる。

おそるおそる裏口ドアを開けた昇さんが、視線を下に落としてみる。

裏口そばの床に、なにやら細長い物体が一つ、ころりと転がっていた。
よく見るとそれは、昨日買い取ったばかりの古い「こけし」だった。

先客

少し前、圭介さんは家族で福島県を旅していた。一泊二日の、気軽なドライブ旅行だ。

二日目の日暮れ頃、東京に帰る前に、温泉につかろうということになる。

福島市内の、日帰り入浴できる旅館を目指す。少しだけ山間に入ったところにある、小規模な宿である。

圭介さんは男湯に、妻と娘は女湯に、それぞれ入っていく。

その時、「浴衣姿のおばあちゃん三人組」が、妻の後ろについていったのを覚えている。

小さな旅館で、夕食時の変なタイミングなのに、女湯は混んでいるのかな……と不思議に思ったからだ。

その予想通り、男湯の方は、誰もいなかった。がらがらの貸し切り状態を楽しもうと、露天風呂に急ぐ。

そこで、ぎょっと足が止まった。

男女を仕切る板塀のむこうから、「背の高い女」が顔を出していたからだ。

こちらに見えているのは鼻から上だけなので、女の正確な背丈はわからない。ただ板塀の設置状況からして、一七〇センチ以上はあると思われた。まあ、それはともかくとして。

(のぞき、か……?)

不快には思ったが、男から女へとなると、いまいち注意しづらい。女性はなにやら真剣な目つきをしているので、自分の子どもを探している可能性だってある。

仕方なく、そちらに背中を向けて湯舟に入ったものの、どうにも落ち着かない。

垣根の向こうからは妻と娘のおしゃべりが聞こえてくる。

この女に注意してくれよ……とも思ったが、いっこうに気にしていない様子だ。

結局、圭介さんはそそくさと湯から上がってしまった。


「そっち、すごい騒ぎだったね」

ようやくロビーにやってきた妻は、開口一番、そう話しかけてきた。

「なんだよ、それ」

「いや、ずうーっと、家族連れが大騒ぎしてたじゃない」

なんでも、男湯の方から「二人の小さい男の子」の嬌声と、それをたしなめるどころか一緒に笑う「お父さん」らしき男性の声が、延々と響きわたっていたというのだ。

「なに言ってんだ。こっちには誰もいなかったぞ」

圭介さんがそう断言しても、妻と娘は「そんなはずない、絶対に聞こえていた」とゆずらない。どうも、嘘をついてからかっている訳でもなさそうだ。

「……それより、女湯の方から露天風呂のぞいてた人いただろ。あれ、なんなんだ？」

「は？　ちょっとやめてよ。それこそありえないから。そんな人いなかったし、第一、あんなところに人が立てるはずない」

妻によると、男湯の露天スペースは、女湯から崖を挟んだ斜め向かいにあったという。視界に入りはするので仕切り板が設置されているが、それが立てられているのは山の急斜面なのだ、と。

「そうか……」

もはや圭介さんも妻も、言い争う気をすっかり無くしていた。風呂上がりにもかかわらず、寒々しい空気が家族の間に漂っていた。

「念のため聞くけど、浴衣を着た三人のおばあちゃんって、そっちに……」

圭介さんが言い切る前に、妻は首を横に振った。

宿の女将にそれとなく聞いてみると、案の定というか、日帰り入浴の客は他に一人も来ていなかった。宿泊客は食事中なので、おそらく誰も大浴場に来ていないだろうことも確認した。

「……変な質問ですけど、ここって前の大震災の時、なにか被害ありましたか?」

念のため、そんなことも聞いてみる。

「いえ、まあ、建物や温泉の湧出量に影響はありましたけど……」

山の方なので、死者やけが人は出ていない。むしろこの旅館にて、被災者を一時受け入れしていたのだが、その人たちもしばらくして元気に帰っていったという。

まったく腑に落ちないまま、圭介さんたちは旅館を出て、車に乗り込んだ。

エンジンをかけ、車を発進させようとした、その時である。

「……ちょっと、あそこ」

助手席から、妻がささやいてきた。

後部座席の娘に悟られないよう、目つきとジェスチャーで自分に合図している。妻が親指で示しているのは、旅館の正面玄関の方だ。

圭介さんが、そちらを横目で確認してみたところ。

玄関前に、ずらりと人影が並んでいた。

すでに宵闇は暗く、建物内からの逆光もあり、はっきりと姿が見えた訳ではない。

しかし、それが旅館スタッフのお見送りではないことは明らかだった。

黒っぽい影ながら、その背格好には明らかな特徴があったからだ。

「浴衣姿のおばあちゃん三人組」「背の高い女」「二人の小さい男の子」とその「お父さん」。

七人の人影は、身じろぎもせず、旅館の前に立ちつくしている。

そして彼ら全員が、じいっとこちらを見つめているのがわかる。

圭介さんは無言のまま、とにかくアクセルを踏みこんだ。

祖母と叔母さん

「私の祖母は、たいへん厳しい人でした」

子どもの頃、明美さんたち家族は、祖父母の家に住んでいたという。

いや、正確には「祖母の家」と言うべきだろう。その家は、祖母が自分の両親から譲り受けたものである。そして一家の中で、祖母は女帝のごとくふるまい、絶対的な存在として君臨していたからだ。

夫である祖父も、彼女にはまったく逆らえなかった。もともと祖母の所有している家に、婿として来たからなど、色々な事情があったのだろう。

では祖母の子どもたち——長男である明美さんの父、その妹にあたる二人の叔母たちがどうだったかといえば、そちらはもっと大変だった。

「父たち兄妹三人は、そろって心を病んでしまったんです」

子どもの頃からの抑圧によるものだろうか。父も叔母たちも、どんなに大人になろうと、祖母へ反抗することなど思いつきすらしなかった。その鬱屈は蓄積されていき、年月を経るにつれ、彼ら自身を蝕《むしば》んでいったようだ。

父はアル中と呼べるほど酒に溺れ、あまり長生きできず亡くなった。

末っ子の叔母さんも、かなり情緒が不安定な人だった。

そんな彼らに輪をかけて悲惨だったのが、真ん中のA子叔母さんだったのである。

明美さんが小学生の時だ。

かねてから体調がすぐれなかったA子叔母さんが、ついに心のバランスまでも崩し、精神病院に入院する運びとなった。といっても一時的なもので、すぐに自宅療養に切り替わることができたのだが。

祖母は激怒した。古い世代の偏見もあり、「身内が精神病院に入ったこと」そのものが、祖母にはとうてい許されることではなかったのだ。

「そんなもの、うちの家族ではない」

ついに祖母は、A子叔母さんに絶縁を申し渡した。

そして、それは最悪の事態を招く。

退院直後、A子叔母さんは自殺してしまったのだ。

下宿していた家の一階でガソリンをかぶり、自ら火をつけたのである。

現場の部屋は黒こげになったが、二階部分はいっさい延焼もしなかった。つまり、それだけ全身があっというまに燃えつきたということだ。

……ただ、そのあたりの細かい情報はいちいち曖昧である。すべて間接的な、人づてに聞いたものでしかない。

なぜなら家族の誰一人として、葬式にも参列せず、亡くなった叔母の遺体と対面すらしなかったからだ。

「絶縁したのだから、この家とはなんの関係もない。お前たちも絶対、A子とかかわり合いになるな」

祖母の命令には、誰も逆らえなかった。

「だから叔母の遺体が、実際にはどんな状態だったか、どんな風にして死んだのか、誰にもわかりませんでした」

その頃から、明美さんは実家にて、たびたび奇妙な人影を見かけるようになった。

それが見えるポイントは決まっている。明美さんが仏間に入ると、仏壇裏の窓の外を、なにものかが歩いていくのだ。

磨り硝子に浮かび上がる黒っぽいシルエットは、明らかに家族のものではない。窓の向こうは裏庭なので、通行人が入ってくることもない。

そんなことが、何度も何度も続いた。

明美さんは、この不審な影を、自分だけの秘密にしておいた。家族にはしゃべらない方がいいと判断した。

すぐに、それがA子叔母さんだと気づいたからだ。

磨り硝子ごしでも、ロールした髪の毛が巻き上がっている様子は見て取れた。「サザエさんそっくり」の、A子叔母さんの髪型だった。

そしてもう一つ。その影が出てくるのは、きまって祖母が外出している時だけ。家の裏手をうろつくのみで、けっして中に入ってこようとしない。

「……生まれ育った家に戻りたいけど、おばあちゃんが怖くて戻れないのかな……と、子ども心に悲しくなりました」

かわいそうな叔母さんに、一声かけてあげよう。そう思って急いで外に出ていっても、そこには誰もいない。

叔母さんらしき人影は、なぜか仏壇裏の窓ごしにしか、その姿を見せないのだ。

「でも、それからすぐのことでした」

まず祖父が、急な病にかかって亡くなった。それに続いて、あれほど猛威をふるっていた祖母も病気となり、あっというまに逝去してしまったのだ。二人とも、突然死といえるほどの呆気なさだった。

「これでA子叔母さんも、うちに入ってこれるのかな……と思ったんですが」

それを境に、人影はぱたりと姿を見せなくなった。

あんなに名残惜しそうに家の周りをうろついていたのに。あれほど怖がっていたおばあちゃんもいなくなったのに。

「なぜでしょうかね……。それからもう二度と、叔母さんがうちに出てくることはありませんでした」

なんだかよくわからない話ですいません、と明美さんは自らの体験談を語り終えた。


ここからは他人である私の、勝手な想像である。

A子叔母さんは目的を遂げたからこそ、その家から去っていったのだろう。

彼女を捨て、死後にも一目すら会わなかった祖母の前に、ようやく現れることができたから。

そして祖母が亡くなったのは、A子叔母さんが目の前に姿を見せたことが、原因だったのかもしれない。

だからこそA子叔母さんも、明美さんに対しては、磨り硝子ごしに影を現すだけだったのではないか……。

繰り返すが、これはまったく勝手な妄想に過ぎない。

いずれにせよ、親と子の抜き差しならぬ関係を、他人が推し量ることなどできるはずもないのだから。

池にたつ家

名古屋市内の、とある地区での話。

かつてその一画には、某団体の幹部クラスの人物（ここでは仮にオヤジと呼んでおこう）の大きな屋敷がたっていた。

そのオヤジの部下（兄貴分と呼んでおこう）を勤めていたAさんが、私の知人に語ってくれた体験談となる。

屋敷は敷地も家屋もかなりの広さで、若い衆が何人も「部屋住み」、つまり寝泊まりしつつ待機していたそうだ。

しかしある時を境に、若い衆たちが部屋住みを怖がるようになった。中には、この屋敷での住み込みを辞めさせてほしい、と訴えるものまでいた。

彼らの組織において、上の命令に逆らうようなマネは御法度である。当然、兄貴分であるAさんの怒りは相当なものだった。

「すいません、でも兄貴……。あの部屋はヤバいんです」

彼らが寝泊まりしていたのは、中庭に面した和室だ。その部屋に、あるものが出るようになったのだという。

「姐さんです。姐さんの幽霊みたいなんですよ」

姐さんとは、オヤジの妻のことだ。実際、彼女は少し前に病気で亡くなっていた。まだ中年にさしかかった年齢での、若すぎる突然死だった。

そして一カ月前あたりから、和室の前の廊下を、謎の女が歩くようになった。少なくとも部屋に寝泊まりしている若い衆の全員が、そう訴えているというのだ。

といっても、女の姿をはっきり見たものはいない。音が聞こえた時点で震えあがってしまい、誰もきちんと確認していないのだ。それがすっかり通り過ぎた後で、ようやく廊下を覗きこんでも、なんの手がかりも得られない。

しかし廊下をゆく足音や、かすかに聞こえる息づかい、そして漂う気配が、間違いなく「女のもの」なのだという。

この屋敷を、夜中に出入りしている女など一人もいない。となると、その正体は姐さんの幽霊の他に考えられない。

「なんだ、その言い訳はっ！」

彼らの悲痛な訴えは、ただAさんの怒りを増長させただけだった。

俺たちが幽霊など怖がってどうするのか。また仮に霊だったとしても、それが姐さんなら、むしろこちらから挨拶するべきではないか。

「もういい！　俺がその部屋にいって確かめてやる！」

Aさんは若い衆を別の部屋に追い出し、自ら和室に泊まってみることにした。

そして夜中を過ぎた頃である。

奇妙な物音が、Aさんの眠りを破った。

……さっ……ささっ……

中庭の方の廊下から、それは聞こえる。板ばりの上で、なにかをひきずっているような音だった。

そしてそれは明らかに、向こうからこちらへと近づいてくる。確かに若い奴らの言う通り、なにかが廊下を歩いてくる気配に違いない。

ささっ……ささっ……

しかし、ずいぶんとゆっくりした歩みである。なにかをひきずる音は、一つ一つがじれったいほど間が空いている。

Aさんは布団から身を起こし、和室と廊下を隔てる障子《しょうじ》を、じっと凝視した。

するとようやく、障子の向こうに人影が写った。大きくうつむきながら歩いているようで、まずは頭の影しか見えなかった。

(姐さん……じゃねえぞ?)

背丈からして、確かに女のようではある。しかし姐さんの髪型は、亡くなるまでずっとショートヘアだった。それに比べ、この頭髪の影は普通よりずっとボリュームがある。まるで大きなカツラをかぶっているようだった。

いったいこれは、誰なのか。あれだけ若い衆を怒ったAさんだったが、ここでいきなり恐怖心に襲われてしまった。障子を開けて確認しなくては、と思う心に反して、どうしても体が動かない。

ささっ……ささっ……

そうしているうち、人影は歩を進めていく。ようやく、その全身が障子に映りこんだ。着物だ。

きちんと帯を結んだ、立派な着物を身につけているようなシルエットだった。

姐さんは、ほとんど着物を召したことはなかった。となるとやはり、姐さんではない。

Aさんは息を殺したまま、影をにらみつけた。

そして影が障子を通り過ぎようとした直前、ついに意を決して立ち上がった。

ばん！　と思いきり障子戸を引く。

しかしそこには、がらんとした廊下が延びているだけだった……。

もうかなり前の出来事だ。当の屋敷もすでになくなっており、現在はまったく関係ないマンションがたっているという。

「後で知ったんだけど、オヤジの家があったところは、昔、大きな池だったらしいな」

Aさんは、私の知人にそう語った。

確かに、Aさんの言う通りである。

これはまったくの偶然なのだが。私も数年前から、名古屋のその地区について現地取材を行ったり、多少は文献を調べたりしていた。

「名古屋のその地区」が、大正から昭和初期に栄えた遊郭だったことは、それなりに有名である。

しかし、そこを整地するための大規模掘削によって、近隣に人工池ができていたことは、あまり知られていない。わずか十五年しか存在せず、埋め立てられてしまったからだろう。

その池は現役時代、二つの事情で名古屋市民に有名なスポットだった。

一つは、夏の花火などを楽しむ行楽地として。

もう一つは、自殺の名所として。

そこは、遊郭で働く女性たちが、世をはかなんで身を投げる場所でもあったのだ。

十五年の間に、そうとう多くの娼妓たちが入水したのだろう。彼女たちの霊を慰めるため、わざわざ琵琶湖《びわこ》・竹生島《ちくぶしま》から弁財天《べんざいてん》を勧請してきたほどである。

その祠は、今もなお埋め立て地の一画に、ひっそりと祀られている。

五人女

それとはまったく別に、こんな話も聞いた。

場所は横浜市港南区。夏江さんという女性の、高校時代の体験談だ。

不良少女だった彼女は、たびたび仲間たちとの夜遊びを重ねていた。といっても、夜の公園でタバコを喫《す》いながらおしゃべりする……という程度のものだったが。

その日もいつも通り、悪友二人とタバコをふかしながら、ベンチに座って談笑していた。

気がつくと、時刻は二十二時を回っていた。

そこで夏江さんは、どこからか鋭い視線が刺さってくる気配を感じた。

きょろきょろ辺りをうかがったところ、公園の入り口あたりに、複数の人影が立っている。逆光となった街灯に、黒いシルエットが浮かんでいる。
一、二、三……五人の影が、横一列に並んでいるようだ。
距離が離れているため、彼らの顔や服装まではわからない。しかしなんだか、こちらをぎろりとにらみつけている様子は感じ取れる。

「……ねえ、あそこにいる奴ら、なんだろ」

「誰かが通報して、警察が来たのかも！」

やばいやばい、と三人はあわててタバコをもみ消した。いきなり動くと呼び止められるかと思い、座ったまま向こうの出方をうかがう。

少しの間、にらみ合いのような状況となった。しかし五つの人影は一列に並んだまま、微動だにしない。

「……もう、行くべ」

そうっと立ち上がった夏江さんたちは、人影から視線をそらさず、反対方向へと歩き出した。影がいるところとは別の、もう一つの公園出口から逃げようとしたのだ。

その瞬間、人影が五つそろって、すうっと前に歩き出した。

音もなく、滑るように、すっ、すっ、とこちらに近づいてきたのだ。

それにつれて、五人の姿が次第にはっきり浮かび上がってくる。

全員、女だ。しかし、やけに派手な格好をしているような……。

「ぎゃあああっ！」

そこで友人は二人とも、悲鳴を上げて走り去っていった。一人残された夏江さんは、しかしその場に立ち止まって、近づいてくる五人の女をじっと見つめた。

「……なんかさ、友だち二人は幽霊だって思って逃げたみたいなんだけど……。私は逆に、テレビの撮影かなって思っちゃったんだよね。ほら、ドラマの『大奥』って、観たことある？　あれとそっくりの格好だったのよ」

かっちり結った髪に、きらめく髪飾り。色とりどりの振袖は、裾が驚くほど長く、地面に大きく広がっている。そんな「お引きずり」を着た女たちが、無言で歩いてくる。

その豪華絢爛《ごうかけんらん》で凛《りん》とした様子に、夏江さんも思わず後ずさる。

すっ、すっ……。五人の女は、ただ黙って前へ前へと歩き続ける。

「そこでもう圧倒されて、私も逃げちゃったんだけど……」

やっぱりあれ、幽霊だったのかなあ？

そう、夏江さんはつぶやいた。

念のため、彼女からは公園の具体的な住所も聞いておいた。

しかし、いくら土地の歴史や古地図を調べてみても、なんの収穫もなかった。

かろうじて、近くに宅間上杉家の城館跡地があったことは見つけたが、さすがにそんな小規模な城に『大奥』のような女たちがいたとは思えない。

あとはもう田畑ばかり広がっていたところが、近年に住宅地になっただけという土地である。

なぜそんな女たちが現れたのか、これについては理由がさっぱりわからない。

まあ、そういう話もある。

小さい子

そこに地蔵があることは、地元の人にもあまり知られていない。大阪市旭区の、淀川にほど近い交差点。その歩道橋の脇にひっそり佇んでいる、本当に小さな、小さな地蔵だ。

台座の上に乗り、本体の背には舟型がついているが、それでもあまりに簡素である。歩道橋を利用するならまだしも、車で前を通りすぎるだけでは、目に留める人などほとんどいないだろう。

仁恵さんにしても、地蔵の存在を意識したのは、あの時が初めてだった。

一年ほど前のことである。

車で外出していた仁恵さんが、先述した交差点にさしかかった。そのまま大通りへ左折するため信号待ちをしつつ、なにげなく歩道の方へ向いてみる。

そこで、ちろちろと動く小さな人影が目に入った。

交差点の角にたてられた地蔵に寄りそって、幼い男の子が遊んでいるのだ。背伸びして地蔵をなでたり、その周囲をぐるぐる走りまわっている。

（……二歳、いや、三歳くらいかな）

男の子の顔つきや動作から、仁恵さんはそう判断した。彼女は幼稚園の、それも三歳児クラスの教諭だ。同年齢の子の見分けについては自信がある。

（でも……なんとなく、変やなあ）

そんな歳の子が一人でいるはずないのだが、少なくとも近くに保護者の姿は見えない。とはいえ、信号が青に変わって左折するまでの、わずかな時間に見た一コマだ。日常のささいな出来事として、すぐ頭から消え去ってしまった。

それから数カ月たった、お盆休みのある日。

真夏の午後の陽射しの中、仁恵さんは車を走らせていた。そしてまた例の交差点に、今度は大通り側からさしかかろうとした時である。

「あれっ？」

フロントガラスの向こうに、例の地蔵と小さな人影が見えた。

ただそれは、遠目にも奇妙な光景だった。

子どもらしき影は台座にのぼり、両手を広げて、体全体でぎゅうっと地蔵に抱きついているのだ。

周囲に誰かがいる気配もない。幼児がたった一人、そんなことをして遊んでいるのは、さすがにおかしい。

ちょうど前後に車がなかったので、スピードをゆるめつつ近づいていく。ゆっくり通り過ぎながら、横目で確認したところで。

(あっ、あの子だ)

数カ月前の記憶がよみがえった。

その顔つき体つきは、以前に目撃した男の子で間違いない。

さらに言うなら、彼が着ている服もまた、以前とまったく同じものだった。

この炎天下、男の子は長袖のぶあつい冬物シャツを、ぴっちり着こんでいた。

後日、仁恵さんは再びその交差点を訪れた。

車ではなく、徒歩で来るのは初めてだった。なんの用事があった訳でもない。ただ、自分が見たものがなんだったのか、現地に行って確かめたかっただけだ。

スマホ片手に周囲を撮影しつつ、歩道橋の下に近づいていく。

地蔵はそこに、涼しい顔をして佇んでいる。あの男の子の姿はない。

それでもあまり接近したくなかったので、数メートル離れたところから、地蔵をまじまじと見つめてみた。

ずっとひっかかっていた違和感を確かめるには、それで十分だった。

幼児が一人でいることよりも、真夏なのに冬服を着ていることよりも、もっと明らかにおかしなところ……。

まず一回目に男の子を見た時、彼は地蔵の周りをぐるぐる走っていたはずだ。

それなのに地蔵の背中には、柵と電柱がぎりぎりに接して建てられている。それらを「すり抜け」でもしない限り、後ろに回り込めるはずがない。

そして二回目に見た時、男の子は台座にのぼって地蔵に抱きついていた。その頭の位置は、地蔵についた舟型よりも低かったはずだ。

しかし自分の前にある像全体の高さは、どう見ても六十センチほど。それより小さい背丈となると、三歳児の平均身長の約半分、新生児と同じくらいになってしまう。

走っている車の窓からは、うまく距離がつかめなかったが、もう間違いない。

あの男の子は、あまりに小さすぎたのだ。

小さい子　その後

その写真を撮った後、仁恵さんはなにげなく後ろを振り返った。

するとお地蔵から道をはさんだ向かい側に、一軒のタバコ屋が見えた。おばさんが店番をしている、古くから営まれていそうな商店だ。

「あのお地蔵さん、なんであそこに建ってるんですか？」

そう尋ねたところ、おばさんは難しそうな顔をして。

「なぜか事故が続いたんですよ。それもすごく、つらい事故で……」

言葉を選びつつ、断片的な情報を教えてくれた。

三十年ほど前、この交差点で交通事故が発生した。

どんな「つらい事故」だったかについては口をにごしていたが、ともかくそれ一件では収まらなかったようだ。ほどなく、まったく同じ場所で、「つらい事故」が次から次へと立て続けに起きてしまう。

そこで「ご家族の方たち（おそらく最初の事故被害者の遺族だろう）」が建立したのが、あの地蔵なのだという。

自分がこの店に嫁いだ矢先の出来事だったので、当時の出来事は、はっきりと覚えている。おばさんは、そう断言していたのだが。

「……最初に事故にあわれたのは、三歳くらいのお子さんですか？」

肝心の問いかけには、なに一つ答えてくれず、無言で目をふせるだけだった。

それ以上の質問を重ねられる空気ではなく、仁恵さんもそこであきらめた。

おばさんがなにも答えなかったところが、逆になにかしらを暗示しているようにも思えるが……そこからはもう憶測となってしまう。


ちなみに私が、当時の新聞記事をあさってみたところ、該当するような交通事故を一つだけ見つけることができた。

十六歳の少年の乗ったバイクが、車道左側の縁石に接触して転倒したという事故だった。街路樹に頭を強く打った少年は、まもなく死亡した。

おおよその現場と、三十年前という時期は合致している。仁恵さんの見た幼児とは年齢が合わないが、何度か続いたという事故の一件ではあるだろう。

ともかく、仁恵さんはそこで交差点を離れ、帰宅の途についた。

途中、夕飯の買い出しをするためスーパーに寄る。

レジで会計していると、店員がふいにカゴから一つの品をつかみ上げ、「あのう……」と声を発した。

パンダを模した袋に、チョコレートが詰められた商品である。なぜそんなものを買おうとしたのか、自分でもよくわからない。初めて見かけたお菓子だが、可愛いらしいと思ううち、なにげなくカゴに入れてしまっていたのだ。

「これは、六歳未満のお子さんは食べられません。いいですか？」

こちらを見つめながら、はっきりした口調で、そう店員が告げてきた。

「え？　……あ、はい」

全員にしなければいけない注意喚起なのかと思い、とりあえず肯いた。

「絶対に、食べさせないでくださいね」

しかし店員は、真剣な眼差しで、やけにしつこく念を押してくる。

その視線は、じいっと仁恵さんの足元に落ちていた。

まるでそこに、小さい子でもいるかのように。

対処法

リエはその夜、歌舞伎町の雑居ビルにある小さなバーで飲んでいた。

ほぼカウンターだけの、小さくてカジュアルな店だ。物腰やわらかい中年マスターが一人で切り盛りしていて、飲みに来るのもたいていが一人客。

今夜は他に客の姿もなく、マスターとぽつぽつ世間話をしながらグラスを傾けていた。

そうこうするうち、リエは突然、トイレに行きたくなってきた。

酔っているせいなのか、気がついた時には、かなり切迫した尿意に襲われていたのだ。

ただこれも、酒で頭がボンヤリしているからだろうか。そんな状況にもかかわらず、なぜか無意識にタバコに火をつけていたのである。

(あれっ、わたし、なにしてるんだろう……)

もちろん、それを灰皿に置いて席を立つのが普通だろう。

しかしリエの意思に反して、体は勝手にスツールから立ち上がっていく。そして口にタバコをくわえたまま、ふらふらとトイレに向かってしまったのだ。

(ちょっとちょっと、こんなの店に迷惑でしょ)

ハッキリそう思っているのに、なぜだか足が止まらない。結局、そのままタバコをくゆらせながら、用を足すことになってしまった。

ふたたびドアを開けたリエは、恐縮しながら席に戻っていった。ただ、そんな彼女に対して、マスターは注意するどころか。

「ごめんごめん、忘れてた」

逆に謝ってきたかと思うと、線香タイプのアロマに火をつけ、トイレに置きにいった。

その様子からして、タバコの匂いを消すため、という感じでもない。

「え、マスター、忘れてたってどういう意味……」

リエがそう質問しかけたところで、タイミング悪く一人の女性客が入店してきた。

「ちょっともう！　飲まなきゃやってらんないわよ！」

それがまた厄介な客だった。

はじめから泥酔しており、初対面のリエにしつこく絡んでくる。恋愛論をぶちまけながら、こちらがどんな相づちを打っても「あんたにはわからない！」と全否定してくる。

勝手にまくしたてる身の上話によれば、ハマっているホストとの関係がうまくいかず、ストレスがたまっているらしい。つまりはやつ当たりである。

「わたしトイレ行くから！」

さんざん悪酔いした末、ようやく女が腰を上げた。やれやれ、このタイミングで帰っておこう……と、リエが財布を出しかけていると。

「あ、ちょっと待って」

マスターが、ふらつく女を制して、いったんトイレに先回りする。そしてわざわざ、お香を個室から取り出してきたのである。

入れ違いに、女がドアを閉めた、ほんの数秒後。

――ぎゃあああああ！

すさまじい悲鳴がトイレから響いた。

続いてドアが勢いよく開き、青ざめた顔の女が飛び出してきた。下着もずり落ちたまま、トイレを指さし、ぱくぱくと口を開けたり閉じたりしている。

「大丈夫？　酔っぱらいすぎて、幻覚でも見たんじゃないの？」

マスターが落ち着きはらった声をかけると、女は恥ずかしくなったのだろうか。

「そ、そうかも……お会計、今度払うから」

あわてて身だしなみを整えると、逃げるように店を出ていったのである。

そんな光景をポカンと眺めていたリエに、

「見ちゃったんだよ、さかさ女」

マスターは説明をはじめた。

このビルでは、深夜の決まった時刻になると、ある異変が起こるのだという。

「といっても、スペース的には建物のいちばん奥の一部分だけなんだけど。それが上下にすとーん、と」

最上階から一階まで、天井も床もすり抜けて、頭を下にした女が、まっさかさまに落ちてくるのだ。

「それは昔、ここに別のビルが建っていた時、屋上から飛び降り自殺した女なんだって」

つまり過去の記憶とでも呼ぶべき映像が、現在の構造など関係なく、毎晩のように再現されているのだ。

もちろん真相はわからない。ともかく古株のビル関係者の間では、「さかさ女」について、そう噂されているのだ。

もっともその現象は、深夜の時間帯、ビル裏手の壁ぎりぎりで起こるため、他階テナントでも知る人は少ない。

「うちの場合、トイレにあたるところだから迷惑なんだけど」

それでも対処法はある。

線香なりロウソクなり、火のついたものがあると、なぜか「さかさ女」は落ちてこないのだ。理由はわからない。とにかくそれが、古くからのビル関係者に昔から伝えられている対処法なのである。

「リエちゃんみたいに勘のいい人だと、自分で勝手に気づいちゃうみたいだね」

もっとも、迷惑な客が来た場合などは、逆の使い道をしたりもすることもある。

「さっきみたいに、わざと火を消しちゃうとか……」

それはそれで、このテナントで商売するための、一つの対処法なのだそうだ。

白い三角

一昨年の夏、浩介さんは千葉の海へと夜釣りに向かった。

「最初は稲毛の海岸に行くつもりでしたが、現地に着いてみたら、盛大なお祭りが開催されてまして。これじゃあ釣りなんか出来ないなあ、と」

代わりになる場所を探しつつ、船橋の方へ足を延ばすことにした。

だからそこは、浩介さんも初めて訪れる場所だったのだ。

海上に埋め立てられた土地の、広々とした公園にバイクを停める。道すがら、スマホで調べておいたポイントへと歩いていく。

ここは干潟《ひがた》で、遠浅の海がずうっと続いているため、なるべく沖に出た方がいいそうだ。

「吉田さんも、グーグルマップで見てもらえますか？　ほら、ここからずーっと海につき出た突堤がありますよね」

浩介さんの指示通り、グーグルの航空写真を確認すると、確かに海岸の西端から細長いコンクリート道が海上にせり出している。その幅は二、三メートル。長さはかなりのもので、三百メートルはあるだろうか。

「その先っぽに陣取ろうとしたんですが、歩いていくうち、既に先客がいたのがわかったんですね」

真っ暗な突堤の先で、小さな明かりが幾つか揺れている。釣りグループ数人がつけているヘッドライトだろう。

それなら仕方ない。こちらは突堤の根元に近い方に座って、竿を垂らした。狙いはクロダイかシーバス（スズキ）。ルアーではなく置き竿である。

とはいえ場所が悪いのか、アタリの気配も感じられない。やはり先っぽの方に行きたいな……とチラチラ向こうの様子をうかがう。

そうこうするうち、これから潮が上がってきて、魚が釣れるだろう時間帯に入ってきた。今日は満月の一日手前で、いわゆる大潮に近い。ここからが本番である。

「その前にいったん移動しておくか、って腰を上げたんですが。ちょうどその時ですよ」

突堤の先端にいたグループが、帰り支度をして戻ってきたところと出くわしたのだ。

（あれ、これからなのに？）といぶかしむ浩介さんだったが、

「え？　これからやるの？」

逆にそんな質問をぶつけられてしまった。

「はい……今日はぜんぜん釣れないですか？」

「いや、釣れないとかじゃなくて……」

彼らは互いに目配せしつつ、「なあ？」「まあね」と、なにやら苦笑している。その仕草が気になりはしたが、うやむやのうちに相手は去っていってしまった。


そしてようやく、先端に位置どることができた浩介さんだったが。

「やはりそこでも、いくら待っても、うんともすんとも反応がないんですね」

……なんだ、やっぱり場所が悪いんじゃないか。

他のポイントを探してみようかと振り返る。ずっと遠くの浜辺が目に入ってくる。

そこを女が、一人で歩いていた。

こんな夜中になにやってるんだろうな……と、また竿に視線を戻す。

……ん？

いや、おかしい。浜辺には多少の照明があるとはいえ、この距離だ。こんなに離れていたら、人がいるかどうかすら、よくわからないはずではないか。

じゃあなんで俺は、あれが女だって思ったんだ？

おそるおそる、浜辺へ再び視線を向ける。

いる。こんなに遠いのに、はっきり見える。「それ」が異様に大きく、細長いからだ。三メートル、いや四メートルは超えている。

ものすごくデカい女？　違う、女なんかじゃない。さっきちらりと見た瞬間は、思わず「白いワンピースを着た女」だと思ってしまった。自分が知っているものの中で、それが最も近いイメージだったから。

でも、そうじゃない。これはまったく違うものだ。頭も足もないのだから、そもそも人間ではない。

上から下まですべて、つるりとした白一色。

頭頂部（？）が先細りになっていて、足元（？）の方へいくにつれて胴体の幅が広がっていく。そうして末広がりになった下部分が、地面に接している。

つまりそれは、巨大な白い三角錐だった。イカの胴体だけを大きくしたような物体が、直立しながら、ぐねぐねとうごめいている。

しかもゆっくりとではあるが、向こうの浜辺を右から左に――つまりこの突堤の根元に向かって――歩いてくるではないか。

逃げなければ。

とっさにヘッドライトを消す。一目散に走り出す選択肢もあったが、そこはぐっとこらえた。

「……その時、とにかく強く思ったのが〝自分が気づいてることを、あいつに悟られちゃいけない〟ってことでした。なぜかは自分でもわかりませんが、いきなり逃げるよりも、それが最優先だと感じたんです」

浩介さんは、あえてゆっくり道具を片づけはじめた。釣り竿は、竿掛けに立てたまま。まだ釣りをしている形を装って、目立たないよう荷物をまとめていったのだ。

最後にそっと竿を持ち、落ち着いて歩きはじめた。横目にはまだ、あの白い三角の物体が見えている。もう突堤の入り口まで、あと少しのところまで来てしまっている。

無理やりそこから目をそらした。前を向くと凝視する形になるので、左右の海を眺めるふりをしながら、陸へと近づいていった。

最悪の場合、すれ違うことになったとしても、とにかく無視しよう、気づいていないふりをしよう。

それだけを強く念じた。

たとえ嘘だろうと、自分が気づいていない形をとっていれば、あいつも自分に気がつかない。あいつと自分は、違う世界のものだから。自分から向こうの世界に触れようとしなければ、向こうも触れてこないはず……。

根拠はないが、そんな考えが頭をめぐった。

暗闇の海だけを見つめながら歩くうち、その目の端に、海岸の木々が入ってきた。もう突端の入り口だ。思いきって前を向いた。

白い三角は……いない。

ただ無人の浜辺が、そこにあるだけだった。

それから現在にいたるまで、浩介さんは夜釣りをしていないのだという。

ここから先は、余談となるが。

浩介さんがこの体験をした日付が気になったので、暦で調べてみた。すると当日深夜（零時をまわって二〇一八年五月二十八日）は、干支でいうところの「庚申」の日にさしかかるタイミングだった。

この日については「庚申待」が有名だが（昔は日本各地の村々で、庚申の日に徹夜の寄り合いをする風習があった）、実は「人魚」と縁の深い日でもある。

「庚申の日に、村人の一人（庄屋など）が、見知らぬ異人から『人魚の肉』をふるまわれる。それをうっかり食べてしまったもの（庄屋の娘や妻など）が不老不死になってしまう」

こうした言い伝えは全国にあり、特に八百比丘尼の伝説と強く結びついている。現場となった船橋沿岸からはやや離れるが、松戸市の風早神社にも、似たような伝承が残されているようだ。

人魚というのは、必ずしもアンデルセン童話の「人魚姫」のような形態ばかりではない。日本の古来からの人魚イメージは、もう少しおどろおどろしいものだ。

さらにまた、この日は偶然ながら大潮とも重なっている。

そんな夜には、人魚が海からやってくるのかもしれない。

がりがり女

熊野くんがバンドをやっていた頃の体験談。

とある夏の夜、熊野くんたちは都内の高円寺にて、ライブの打ち上げを行っていた。バンド仲間も客も入り混じり、朝まで飲んで騒ぎ明かすのが、いつもの恒例行事である。

ところがその日に限って「わたし、明日早いんで」「ごめん、この後もう一本約束あってさ」と、次々に参加者が帰ってしまう。

終電過ぎの深夜一時にはもう、熊野くんと、タケルという男性しか残っていなかった。

二人とも昔からの顔見知りだが、それほど親しい訳でもない。いってみれば微妙な関係である。

「みんな帰っちゃったね」「どうしようか」「どうしようかねえ……」

とはいえ彼らにとって、こんな時間で飲み会が終わるのはまったくもって消化不良。

「よかったらさあ、うち近所だから、くる?」

タケルの提案に、熊野くんもうなずいた。

高円寺から中央線沿いを、まっすぐ西に歩いていく。

阿佐ヶ谷駅との中間にあるタケルの家へは、十分もしないうちにたどり着いた。

「あ、もうこの道に入っていけば、うちのアパートだから」

ふいにタケルが立ち止まり、細くて薄暗い脇道を指さした。左手が壁、右手にレッドロビンの赤い生け垣が並んでいる。舗装もされていないので、明らかに私道である。

生け垣の向こうは工場現場らしく、建物一つ分のスペースが鋼板で仮囲いされていた。

その裏路地に入ろうとした熊野くんだったが、ふとタケルの様子が気になった。

タケルはそこに立ちつくしたまま、なぜか動こうとしないのだ。どうしたのかと訝しんでいると、こんなことを言い出してくる。

「俺、飲みもの買ってくるからさ。先に行って、アパートの前で待ってて」

「ええ？　さっき手前にコンビニあったじゃん」

こんな夜中に、住民ではない自分が一人、敷地内の私道に入るのは抵抗がある。

「反対側にぐるっとまわったコンビニじゃないと、二リットルのウーロン茶がないんだよ。わざわざ二人で行くことないって」

やけに強引なタケルにおされる形で、熊野くんはしぶしぶ路地に入っていった。肩の高さほどの生け垣の前を進み、角を一つ折れたところで、二階建てのアパートが見えた。

その入り口でタバコに火をつけ、家主の帰りを待つ。

ちょうど一本すい終わる頃、ビニール袋のガサガサ擦れる音が、背後から聞こえてきた。振り向けば、アパート一階端の部屋の前で、タケルが手を振っている。どうやら反対側からも、敷地に入ってこられる裏口があるようだ。

そしてタケルは玄関を開けようともせず、近づいてきた熊野くんに、小声でこんな質問を投げてきた。

「……さっきの小道を通った時、生け垣のところ、誰かいなかった？」

「え？　いや別に、誰もいなかったよ」

そうかあ、とタケルが玄関ドアを開く。

真っ暗な部屋に上がり込んだとたん、むわっとした湿気が熊野くんの顔にぶつかった。

それもそのはず、明かりがついてみれば、真夏なのに雨戸がしめっぱなしになっているではないか。

「ちょっと、窓開けようよ」

さすがにこれでは不快に過ぎる。そんな熊野くんの申し入れに対し、タケルはごにょごにょと言葉をにごすばかり。

「一階の角部屋だから開けたくないんだよ。いまエアコンつけるから」

「でも蒸し風呂みたいだからさ……空気だけ換えようよ。もう夜中の二時だし、誰も見てないって」

「いやあ、やめとこう」

「なんでだよ、なんか都合悪いの？」

「というか……」タケルは少しだけ声をひそめた。

「……誰かの視線、感じないか？」

突然なにを言い出したのか、と熊野くんが面食らっていたところ。

「ちょっと、二階に上がってみよう」

なぜかまた廊下へ連れ出されたかと思うと、そのまま外階段をのぼるよう促された。しかし当のタケルは階段の中ほどでストップして、熊野くんだけを二階廊下に上がらせた。

「そこから、工事現場を見てくれよ」

確かに、ここからだと鋼板の囲いの中がすっかり見下ろせる。

ただそこは、少し奇妙な空間だった。かなり前から工事がストップしているのだろうか、雑草が一面生い茂る中に、古びた資材が幾つか転がっているだけ。

工事現場というより、もはや空き地である。

「……だれかいる?」階段の下から、タケルがささやいた。

「いや、誰もいないよ」「猫は?」「猫?　猫もいないよ」「じゃあいいよ、下りてきて……」

まったく意味がわからないまま、熊野くんは部屋に戻っていった。

そこでタケルは、こんな説明を始めたのだ。

「二カ月くらい前の、このくらいの時間だったかなあ……」

その夜、部屋にいたタケルはどうにも寝付けなかった。

アパートのすぐ外で、猫の鳴き声がひっきりなしに続いていたのだ。それも一匹二匹ではなく、大勢の猫たちが騒いでいるようだ。

「あんまりうるさいから、追い払ってやろうかなと思ってさ」

部屋の外に出て、声の出所を探るうち、タケルの足は二階廊下へ向いていく。そこから空き地の囲いの中をのぞくと、たくさんの猫がたむろしているのが見えた。

それに混じって、やけに大きな影もある。

人間の女だった。

二十歳前後ほどの女が、頭をうつむかせ、両足を投げ出すかたちで座っている。長い髪は前方にだらりと垂れ下がり、その顔を隠している。

そんな女を中心にして、猫たちがにゃあにゃあ、にゃあにゃあ、と騒いでいる。

（……あの女の子、足をケガしてるのかな？）

そんな考えが浮かんだ。よく見ると、女は靴をはいていなかったからだ。まだ丈の低い雑草の上に、ぺたりと裸足が投げ出されている。

猫に餌をやろうとして、囲いを乗りこえたのだろうか。しかし滑り落ちて足をくじいてしまい、出られなくなっているのかもしれない……。

「ねえ、どうしたの？」

タケルは思わず声をかけた。

すると女は無言のまま、ゆっくり頭を上げはじめた。

前にかかった髪から、女の顔が現れようとしたところで。

——あっ、見たらダメだ。

なぜかとっさに、そう感じた。

女の目鼻立ちがわかる直前、タケルは踵を返し、あわてて部屋にかけこんだ。

「……それからずっと、いるんだよ。女が」

その後、アパートに続くあの脇道に、女が立つようになってしまったのだという。

毎日ではないが、三日に一度ほど。いつも生け垣の裏にいるので、やはり顔は見えていない。額から上だけを出して、なにをするでもなく、じっと佇んでいる。

それでもあの女だということはわかる。生け垣の根元のすきまから、その足先が見えるからだ。白いパジャマの裾と、裸足の足が。

「しかもだよ、そいつは出てくるたび、少しずつこのアパートに近づいてるんだ……」

「おい、それ、ヤバいやつだろ」

そこまで聞いて、熊野くんは話に割って入った。

「あの工事現場の囲いなんて、人間が登れるような高さでも形状でもないだろ。そうとう長いハシゴでもかけない限り」

「そうなんだよ、ヤバいんだよ、かなりイカれた奴なんだ」

どうもタケルは、女をただの変質者としか捉えていないようだ。

「だから、おまわりさんに注意してもらおうと思って、交番にも通報したんだよ」

しかし警察がたびたび巡回したにもかかわらず、いつも異常なしと言われるのだという。

なぜか女は、警官が来た瞬間にだけ姿を隠し、警官が去った直後、また現れるからだ。

しかし確かに、女はあの脇道に立っている。その証拠として、近所のおばさんから心配そうに声をかけられたこともあるのだ。

「あなたのアパートの前、よく変な女の人が立ってるけど、大丈夫……?」

そうこうしているうち、女が立つ位置はもう、アパートのすぐ近くまで来てしまっている。ここ最近は、部屋にいるだけで強烈な視線を感じる。だからもう雨戸を閉めておくしか自衛手段がないのだ。

そこまで話して、ようやくタケルの熱弁が止まった。

「いや、だからさ、もしかして、その女って生きてる人間じゃなくて……」

そう言いかけて、熊野くんは口をつぐんだ。

突然、雨戸の向こうに、濃密な人の気配を感じたからだ。

トン……トン……トン……

雨戸が小刻みに揺れている。風ではない。何者かが、外から戸を叩いている音に聞こえる。すぐそこで、誰かが、自分たちの会話を聞いている。

トン……トン……トン……

二人がじっと沈黙する中、雨戸の振動音だけが響く。

どれくらい、そうしていただろうか。

ようやく音が止み、気配がなくなった後、タケルはぼそりとつぶやいた。

「……もう、俺、すぐに引っ越すよ」

それから一カ月後。

ライブ会場でまたタケルの姿を見かけた熊野くんは、急いでそばに駆け寄った。もちろん、ずっと気になっていた顛末を聞くためだ。

「どう？　引っ越しできた？」

「うん、おかげさまで」

あの後すぐに、タケルは他の物件を借りたそうだ。

当月は例の部屋と二重の家賃が発生したが、それは仕方ない。そのぶん引っ越し費用を浮かすため、一カ月かけて少しずつ、二部屋の間で荷物を移動させていった。

「だから昼間に物を取りに行く時しか、あのアパートには近寄らなかったんだけど……」

一度だけ、夜に行かざるをえないことがあった。

夜中のライブ直前、急にエフェクターが必要になったのだ。今すぐ確保するとなれば、自分のアパートに置いてあるものを取りに行くしかない。

……まあ、一瞬、立ち寄るだけだ。

アパートの脇道に来たところで、周囲に誰もいないことを確認する。そして土足のまま部屋に入り、大急ぎでエフェクターをつかんで、玄関の方に振り向いた、その瞬間。

ガタンッ
雨戸が大きく揺れた。びくっとタケルの体がすくむ。

ガタッ……ガタガタガタガタガタ……

続いて雨戸全体が、激しく揺さぶられていく。

あわてて部屋を飛び出したタケルだったが。

「……無事に道路に出られたところで、どうしても気になっちゃってさ……」

ぐるりと迂回し、アパート反対側の裏口へとまわった。そして物陰から、建物裏手を覗いてみたのだ。

あの女がいた。

やはり白いパジャマを着た、裸足の女が、雨戸のそばにしゃがみこんでいた。

そしてひたすら、両手の爪をたてて、雨戸をひっかいている。

まるで猫が爪をとぐように、激しく一心不乱に。

ガリガリガリガリ……と。


さらに後日譚となる。

一年後、熊野くんがたまたま現場近くを通りがかった時だ。

……そういえば、ここってタケルのアパートがあるところだよな。

明るい時間ということもあり、ふと好奇心が湧いた彼は、もう一度その建物を見てみようとしたのだ。

脇道を入っていくと、生け垣も囲われた工場現場も、アパート自体も一年前のままそっくり残されていた。

そしてあの一階端の部屋は、また誰かが新しく入居しているようだった。

そうっと裏手にまわってみる。

するとその部屋だけ、しっかり雨戸が閉められていた。

新しい住人も、ここを開けられない事情があるのだろうか。

そう思いながら、熊野くんはしゃがみこんで、雨戸に顔を近づけた。

木製の戸の表面には、縦に斜めに、無数のひっかき傷が残されていた。

それらの傷は、明らかに古く変色したものもあれば、最近ついたようなまっ白いものまで、様々だったそうだ。

猫塚の空き地

前頁「がりがり女」の体験談を聞いた後、私は舞台となった木造アパートの住所を訪ねてみた。

しかしそこは数年前に区画整理されてしまったらしく、古い建物や裏路地の名残はすべて消滅していた。カフェや雑貨屋が併設されたマンションが建つ、清潔で広々とした空間に様変わりしていたのである。

まったく、残念きわまりないことだ。

だがこの時、すぐ近くの西荻窪に、似たようなスポットがあるのを思い出した。そこもまた「住宅街にぽっかりあいた空間」で「猫にまつわる場所」という共通点がある。

ついでに足を延ばしてみると、予想通り、そこはまだ空き地として残されていた。このところ再開発が騒がれる西荻窪だが、この土地はいつまでも建物がたつ気配がない。

一度は刈り込まれた草木も、ふたたび繁殖しつつあるようだ。これではまた元の雑木林に戻るのも、時間の問題ではないだろうか……。

西荻窪の北側、静かな住宅地の一画に、なぜか長年にわたって放置され続けた雑木林があった。

鬱蒼とした木々が昼でも暗く、のどかな街並みに突如あらわれた禁足の森のようだ。しかもそこには少し前まで、こんな文言の書かれた木札が置かれていた。

「毎日勤行 捨て猫怨霊 必ず参上仕る」「毎日勤行 捨て猫御霊 皆共成佛道」

木札の前には、小さな花束と、水の入った盃が供えられている。つまり、死んだ猫のための塚ということだ。

おそらく何者かが、飼うのに困った猫をここに放棄したのだろう。猫はそのまま、雑木林の中で死んでいったのだろう。そんなことが何度か続き、怒った地主が、この塚と木札を設置したのだろう。

私は毎日祈っているぞ。哀れな猫の怨霊が、必ずお前のところに参上するように……と。

もちろん猫を捨てるような不届きものには、怨霊の祟りがあってしかるべきだと思う。しかしこの小さな手作りの塚と、不気味な文言が、近隣住民になにやら怪談めいたイメージを与えていたのも確かだ。

当の雑木林は最近になって（二〇一七年前後？）木々が刈られ更地となり、猫塚も撤去されてしまった。

とはいえ現役時代には、知る人ぞ知る場所であったようだ。心霊DVD『封印映像14』（アット エンタテインメント）や、朱野帰子氏の怪談「必ず参上」（『怪談実話系7』所収）に取り上げられた例もある。両作品とも「猫塚」についてはサラリと触れるのみだが、印象的なスポットとして登場している。

歴史的に見ると、この一帯はかつて「城山」と呼ばれた古城跡地だ。城が無くなった後も、隣接する善福寺《ぜんぷくじ》川からひいた水路と、はけ口である七つの井戸が残されていたらしい。

現地の案内板には、こう記されている。

「七ツ井戸と呼ばれた井戸は、城山の南側に一列に7ツ並んで掘られていたようで、何故か土地の人々からは近付くことも恐れられていました」

この案内板の元本だろう『武州多摩郡上荻久保村風景変遷誌』（著：梅田芳明）にも、明治から昭和初期までの城山は鬱蒼とした雑木林で「その下を善福寺川の深みが不気味に流れ」、使われなくなった「気味の悪い七ツの井戸」に「人々の近づく事を恐れた」とある。

なぜ人々がそこに恐怖心を抱いたのかという、具体的な理由は示されていないが、なんとも気になる記述ではないか。

どうも昔から、猫塚周辺に霊的な空気を感じる人は多かったようだ。

私も近隣に住む千佳さんという女性から、こんな体験談を聞いている。


数年前、まだそこが整地されておらず、猫塚も健在だった時のことだ。

とある昼下がり。

買い物帰りの千佳さんが、雑木林の前を通り過ぎようとしていたところ。

んなああ……

かすかな鳴き声が一つ、草むらの奥から響いた。

（……あっ、これはだめだ）

しかし千佳さんは、それが聞こえないフリをした。

すっかり放置されたこの空き地は、粗大ゴミの不法投棄が絶えない場所でもある。テレビ、プリンター、扇風機、よくわからない鉄くずなどが、木々の間に転がっている。

まったく土地所有者にとっては、ひどく迷惑な惨状だと言えるだろう。

そしてもっと悲惨なのは、捨て猫たちだ。

怒りのにじんだ木札からもわかる通り、ここに猫を捨てていく人間がいるようだ。

川沿いの住宅地なので夜は人通りも少なく、目撃されにくい。ひょっとしたら悪質なペット業者に、育ち切った猫を遺棄するための好都合なポイントとして、目をつけられているのかもしれない。

それと関係しているかわからないが、つい最近も近所で「猫殺し事件」があった。鳴き声がうるさい、と怒った中年男性が、野良の子猫を殺した事件。

首にタコ糸を巻きつけて振り回し、地面にたたきつけたり、蹴り飛ばしたりしたという残虐なもので、テレビの全国ニュースにもなったはずだ。

「毎日勤行 捨て猫怨霊 必ず参上仕る」

猫の怨念というものは、どれほど強いのだろうか。

生まれてすぐに殺された生き物は、やはり地上にその怨念を残すものなのだろうか。

んなあああ……

また子猫らしき、かすかな鳴き声が響く。

かわいそうだけど、自分のマンションでは飼えるはずもない。さっさと通り過ぎなければいけない。

そう思いつつも、千佳さんの視線は、どうしても声のする方へと泳いでしまう。

しかし林の中を見渡しても、猫らしき姿は確認できなかった。区画そのものは狭いし、冬なので地面にはえているのは丈の低い草だけ。

小さい子猫でも見逃すはずないのだが……。

あるのは散乱したゴミばかりだ。テレビ、プリンター、扇風機、よくわからない鉄くず、それに空き缶やペットボトル、赤ちゃん人形。

でも、いないのならそれでいい。ここの捨て猫を気にするあまり、空耳を聞いてしまっただけだろう。

そのまま数メートル歩いたところで、足が止まった。

――赤ちゃん人形？

ざわざわと違和感がふくらむ。あれは、作り物にしては、あまりに出来が良すぎはしなかっただろうか。

とっさに引き返してみた。

しかし数秒前まであったはずの人形は、影も形も無くなっている。見間違いではない。まさかテレビやプリンターのようなものを、赤ん坊のかたちと錯覚する訳がない。

……んなあああああ……

そうだ、似ているけど違う。

あの泣き声は、子猫のものではなかったように思えてきた。

……千佳さんから聞いたのは、そんな話だ。

なぜか人々が近づくのを恐れていたという七ツ井戸の森。

その大部分は、昭和初期の宅地開発により姿を消した。

ただし猫塚の土地だけは頑なに人の手が入らず、雑木林の状態を保ち続け、現在に至っている。これについては、明治から現代までの地図・航空写真を確認すれば明らかだ。

それが最近になってようやく整地され、猫塚も撤去されたのだが。

一年、二年と様子を見ていても、やはり土地がなにかに活用される気配はない。

現在、この空き地にはまた、草木が生い茂りつつある。

むじん

これもまた、熊野くんの若い頃の話。

その夜、熊野くんは下北沢にてライブの打ち上げに参加していた。飲み会が終わって、友人とともに地元の高円寺に帰ったのは、終電近くのこと。

「もうちょっと飲みなおそうか?」

駅の近くに、音楽関係の人がマスターをしているバーがある。帰宅前に、そこで一杯ひっかけよう、と話し合ったのだが……。

違和感は、高円寺駅の改札を出たところから始まった。

どこをどう見渡しても、周囲に人っ子一人いないのだ。

深夜零時過ぎとはいえ、都心に近く飲み屋も多い高円寺である。終電あたりのこの時間帯こそ、むしろ混雑するはずなのに。

「なんか静かだな、今日は」

まあいいや、と目当てのバーに向かう。駅北口を出て、大通りから商店街へと歩いていくが、やはり人の気配はない。酔っぱらって騒ぐ若者たちも、終電のために駅へと急ぐサラリーマンも見かけない。

なんだか町全体が、しんと静まりかえっている。

「あれ……おかしいな」

しかも、である。何度も訪れている、そのバーが見つからない。駅から一回だけ曲がれば着くはずの、店が位置する通りにすら行き当たらない。

「ていうか、この道って、いったいどこなんだろう？」

近所に住んでいる彼らにも、ピンとこないところに迷い込んでしまった。

やや狭い道路に一軒家が並ぶ、いたって普通の高円寺らしい風景なのだが、駅から見てどの位置にいるのかがわからない。まだ携帯電話のＧＰＳが普及していない時代だったので、ネット地図を参照することもできなかった。

「まあ、右に曲がってここに来たんだから、どこかで左に折れればいいだろ」

と、左折して進んでみたものの、元の大通りに出られない。見覚えがあるような、ないような……さっきからそんな路地を、ぐるぐると歩き回っている。

「ちょっと酒、飲み過ぎたかな」

地元民として恥ずかしいが、通行人に道を尋ねよう。そう思っているのに、さっきからずっと、誰一人としてすれ違うことがない。

そこでふと、時間を確認してみて驚いた。

「えっ、いま、二時半？」

そんな感覚はないのに、一時間以上も無人の街並みをさまよい続けているではないか。駅を降りてからというもの、なんだかすべてが狂っているようだ。

じわじわと恐怖と焦りが募っていく。思わず熊野くんの歩みが速くなる。並んでついてくる友人の表情にも、余裕がなくなってきた。

「おい、人だ！」

ふいに前方の細い路地から、人影が現れた。

街灯に照らされたのは、赤ん坊を抱っこした女性の姿だった。まだ一歳に満たないだろう赤ん坊を、右手一本で抱えている。

女性はそのまま、自分たちと同じ進行方向に曲がり、先を歩くかたちとなった。

こんな深夜に、小さな赤子を連れ歩いているという違和感はあったものの。

「……とりあえず、道を聞こう」

あまり警戒されないよう、そっと近寄ろうとした。

ただ、なぜだろうか。すぐ前を歩く女性との距離が、なかなか縮まらない。

向こうは子どもを上下にゆすってあやしながら、ゆっくり歩いているように見える。

こちらはこちらで、だんだん歩みを速くしていき、もはや小走りに近くなっている。

それなのに、いっさい追いつくことができない。

家一軒分ほど離れたまま、近づけもせず、遠ざかりもせず、ずっと同じ距離をキープし続けている。

「……走るか?」熊野くんがそっとささやく。

「……いや、ちょっと待て。それより、あれ」

友人はそれを引き留め、女性の右肩を指さした。

抱っこされた赤ん坊が、肩越しにこちらへ身を乗り出している。

あっ、と熊野さんは目を見はった。

まっすぐこちらを向いているはずの、赤ん坊の顔が見えない。

いや、違う。正確に言えば、見えないのではない。

そこにあったのは、目も鼻も口もなく、つるりとまっ白い卵のような顔面。のっぺらぼうの顔だったのだ。

「あれ、赤ちゃんか？　人形じゃないのか？」

「わかんないけど、そうだとしても……」

まったく近づけないこともふくめ、この状況はあまりに不気味すぎる。

もう追いかけるのはよそう……。そう思って、足を止めた。するとそのとたん、左脇にある小さな路地の向こうが、やけに明るくなっていることに気づいた。

「あれ、駅前のロータリーの照明だよな」

路地を進んだ二人は、あっという間に高円寺駅北口にたどりついた。

それと同時に、ぷつっと静寂がやぶられた。周囲をざわざわと、たくさんの人々が歩き出したのだ。

とっくに終電が無くなっているのに、こんなに大勢の人たちがなにをしているのか。

とはいえ、これこそがいつもの高円寺の風景だった。


あらためてバーを目指すと、そこから五分もかからずたどりついた。

「いやあ、大変だったんですよ、さっき……」

今しがた出くわした現象を、二人してマスターに話し出す。

すると、カウンターにいた年配の男性客が、会話に割って入ってきたのである。

「それは、むじなだな」

きょとんとしている二人に向かって、男性は言葉を続ける。

「むじなだよ、むじな。小泉八雲の『むじな』、知らないのか？」

まだ、こんなところにもいるんだなあ。

男性は穏やかにほほ笑んだ。

風呂場の小窓

　またまた熊野くんの話となる。

　友人宅にて、男女数人での家飲みをしていた時のことだ。これも高円寺近くのマンションで、友人女性が一人暮らししている部屋だった。

　酒が進むうち、なんとなく怪談を語り合う流れとなった。そこで熊野くんは、先述した二つの体験談などを披露していたそうだ。そして、ちょうど話を語り終えようとした、まさにその時である。

　――どーん！

　ものすごい衝撃音が、部屋のすぐ近くで響いた。

「えっ、なになに！」

「もしかして、ここで飛び降り自殺とか？」

「いや、その怪談、話したらいけないやつだったんじゃないの……？」

とにかく外に出て調べてみよう、と全員が玄関の方に移動したところ。

「あっ、これだ！」

家主の女性が、風呂場を指さした。その中の、外廊下に面した小窓が、きちんと閉まっていたのである。

それを見て、熊野くんたちも驚いた。というのも、その小窓は蝶番がさびていて、どうしても動かないことを知っていたからだ。

もちろん、若い女の子の風呂場が、廊下から丸見えなのは治安上よろしくない。そう思って一度、男三人がかりで外と内から力を込めてみたこともある。しかしどんなに手を尽くしても、小窓はビクともしなかったのである。

その窓が、誰も手を触れていないのに閉まっている。風や空気圧の仕業でないことは絶対に明らかだ。

おかしいなあ……と言いつつ、家主の女性が外廊下に出ていく。

「うわあああっ！」

と、そこでけたたましい悲鳴がとどろいた。皆があわてて駆け寄ると、女性は真っ青な顔で、小窓の一点を指さしていた。

見れば、外に面したガラスの真ん中に、くっきりと白い手形がついている。

小さな小さな、赤ん坊ほどの手形だった。

「この手に押されて、窓が閉まったってこと……?」

しかしそれはありえないだろう。この階に子どもは住んでいないし、もう真夜中なので外廊下で遊んでいる訳もない。なにより小窓の位置は、これほど小さいサイズの子どもが届く高さではない。

「開けてある窓を押すんなら、信じられないようなジャンプするしかないよね……」

怪力の幼児が跳びはねている光景を想像して、熊野くんたちはぞっとした。

それから一カ月後、ライブハウスにて再会した家主の女性に、どうなったか聞いてみたところ。

「あの手形、消えないんだよね……。洗剤で洗っても、少ししたら浮き上がってくるんだ」

うんざりした顔で、そう呟かれた。

また今度は逆に、小窓がどうしても外に開かなくなっているのだという。

それらが原因かどうか知らないが、女性はすぐにマンションを引っ越してしまった。

そしてまた一年ほど経った頃。

青梅街道を歩いていた熊野くんは、たまたま例のマンション近くを通り過ぎることとなった。

「そこでなんか気になってしまって……。ちょっと確認してみようかな、と。部外者がエレベーターを使ったら怒られそうなので、階段で七階まで上がったんですけど」

住人に気づかれないよう、こっそり外廊下から例の部屋に近づいてみる。

すると風呂場の小窓は、閉まったままの状態だった。

そしてあの小さな手形も、まだくっきりと残っていたそうだ。

開かずの便所

中野さんは以前、とある寺のスタッフとして働いていた時期があった。

さすがに特定は避けたいので、ここでは「関東地方にある大きめの寺院」とだけ記しておく。

寺の敷地内では幼稚園を経営しており、そこから参道を挟んだ向かいが墓地となっている。ちょうどそのあたりに、一人用の小さな屋外トイレを設置していたのだが……。

ある時から、そこが「開かずの便所」になってしまったのだという。


まず気づいたのは、住職の奥さんだった。

「外にあるトイレ、開かなくなってるのよ。故障かしら?」

中野さんが確認してみたところ、確かに扉が閉まったまま、ドアノブが動かなくなっている。なにかのはずみで、勝手に内部の鍵がかかってしまったようだ。

とはいえ、盆の墓参りシーズンか、葬儀でも入らなければ、外のトイレを使う人はいない。特に急ぐ必要がないため、その日は放っておくことにした。

そして翌日。念のためにまた扉の具合を見てみたが、やはり鍵はかかったまま。

「仕方ない。明日、業者さんにどうにかしてもらいましょう」

三日目、寺の工事を受け持っている業者が、作業員を一人派遣してくれた。ネジをゆるめてドアノブを外し、解錠する流れになるという。

そこは作業員に任せ、自分たちは事務所の方で業務をこなしていた。その時である。

――ぎぃやあああああ！

突然、参道の方からけたたましい叫びがとどろいた。明らかに、トイレを修理していた男性の悲鳴である。

「……どうしたんだろう？」

奥さんがあわてて様子を見に行った。しかしそちらも出ていったきり、何分たっても帰ってこない。

心配した中野さんは、奥さんの後を追いかけた。玄関から外へ出て、参道の方を見渡してみる。

するとそこには、地べたを這いずりながら、こちらにやってくる奥さんの姿があった。

どうやら、すっかり腰が抜けているようだ。中野さんが近寄ると、奥さんは後ろのトイレを指差し、パクパクと口を動かした。

「……あっち、あっち、あっち……」

まったく要領を得ないが、なにかの非常事態ではあるのだろう。中野さんはトイレへと急いだ。そして開け放たれた扉の奥を覗きこんだところ。

洋式便座に、老婆が前のめりに座っていた。

一瞬、眠りこけているようにも見えた。しかし、そうでないことも、すぐに分かった。

その両手が包丁を握りしめ、自らの胸に、深々と刃をめりこませていたからだ。

老婆は上から体重をかけ、心臓に包丁を突き刺し、血まみれになって死んでいた。

おそらく、この三日間ずっと。

警察が身元を調べたところ、その老婆は、寺とも地元ともいっさい関係ない人間だった。

わざわざ遠方から、この寺のトイレにやってきて、鍵を閉めた上で自殺したのだ。

まったく意味がわからない。しかしもっと意味不明なことは、この後に起こった。

それからというもの、この屋外トイレは、たびたび扉が閉まったままになる「開かずの便所」に変わってしまったのだ。

いや、それ自体は心霊現象でもなんでもない。

中に入った人間によって、物理的に鍵がかけられてしまうだけだ。

ただし、その人間はもう二度と自分から出てくることはないのだが。

「同じ自殺が、何度も何度も続いたんですよ。トイレに入って鍵かけて、便座に腰かけたまま、胸に包丁やナイフを突き刺すという……」

中野さんの言葉によれば、それは「一年に二度のペースで、何年にもわたって」続いたのだという。しかしいずれも、最初の事件に影響されての連鎖自殺（いわゆるウェルテル効果）とは考えにくい。

「どの案件も、いっさい新聞やテレビで報道されてないですから。それに自殺しにくる人たちは皆、遠くから来ているので、地元の噂も知らないはずだし……。なんでこのトイレで、同じ死に方ばかり選ぶのか、まったくわかりません」

この現象は、中野さんが別の仕事につき、寺を去るまで止むことはなかった。

もしかしたら、今でも同じことが続いているのかもしれない。

生々しい

「これは……間違いなく、生き霊ですね」

霊能者の女性にそう告げられ、清美さんも思わず納得した。

その写真には、明らかに異様なものが写りこんでいる。

怒りにゆがんだ顔を突き出している、一人の女。

清美さん自身、怪談やホラーに興味があるタイプなので、心霊写真の類にはけっこう接していたつもりだ。そんな彼女でも、ここまで「幽霊」がはっきり、あからさまに写った画像など見たことがなかった。

ただ、これが「生き霊」というのは、ありえそうだと思えた。この生々しさや存在感は、生きた人間から出たものとすれば合点がいく。

「写真はこちらで供養した後、処分しておきますので」

紙焼きのプリントもネガフィルムも、そのまま霊能者の先生に引き取ってもらった。だからそれ以降、清美さんはもう二度と、現物の写真を見直すことはなかったのだが……。それがどのような画像だったか、いつどこで撮影したかについては、今でも鮮明に思い出せるそうだ。


もう三十年近く前。清美さん夫婦が二十代半ば、長男が五歳の時である。

その日、清美さんたち家族は海水浴に出かけていた。

目的地についたのは、まだ早朝に近い時刻。海の家も営業しておらず、人もまばらで、せいぜい地元民が犬の散歩をしているくらい。一日が始まる前のさわやかな空気に、おだやかな波の音だけが響いている。

さて、家族三人どこに陣取るのがいいだろうか。砂浜をぐるりと見渡したところで、清美さんの視線がある一点に止まった。

向こうの波打ちぎわを、女性が一人、ふらふらと歩いている。それがなんだか、目についてしまう。

見た目の歳は中年どころか、もう壮年に近いほど。しかし、やけにハデな格好をしている。髪型は、当時流行っていたソバージュのロングヘア、それにTシャツと短パンという服装。十代か二十代の女の子ならともかく、さすがに年齢不相応だと感じてしまった。

さらに一重で切れ長の目、小さい鼻という古風な顔だちをしているので、そうしたファッションがまったく似合っていない。正直言って、滑稽なほどチグハグである。

（がんばって若づくりしているおばさんがいるなあ…）

そう思いつつも、清美さんはひとまず海水浴の準備を始めた。

しかしおばさんは、その日の間ずっと、清美さんたちの前に現れたのである。

混雑してきた海岸の、人ごみの向こうを歩いていたり。焼きそばを買いにいった海の家の隅で、じいっと立ちつくしていたり。

だいたい一時間おきに、その姿が視界に入ってくる。

（……ずっと一人でなにしてるんだろう?）

というよりも、おばさんの方が、こちらを遠巻きにうかがっているような印象すら受けてしまう。

「なんか、あのおばさん、朝からずっとここにいない?」

こっそり向こうを指さしながら、夫に同意を求めてみたのだが。

「え、そんな人いる?　わからないなあ」

どうも誰のことを言っているのか、判然としないようである。夫は、遠くに目を泳がせながら、怪訝な顔をするばかり。

まあ、一人でいくら海にいたって、それは個人の自由だ。向こうに観察されているというのも、自意識過剰なだけだろう。

清美さんは、なるべくおばさんの存在を気にしないようこころがけた。


そうこうするうち日が暮れていく。一時は人があふれていた海岸も、どんどん静かになっていった。

ちょうどいい。ここで息子と二人だけの写真を撮ろう。

清美さんは、周りが無人となるタイミングを見計らった。そろそろ太陽が沈みかけていて、フラッシュ無しで撮影するには最後のチャンスだ。

「ほら、撮っちゃって、撮っちゃって！」

夫に使い捨てカメラを手渡すと、急いで子どもの手を引っぱった。そして暗くなりつつある海をバックに、息子と自分のツーショットを撮影した。


それを現像したのが、例の写真だったのである。

腰を落とした清美さんと、小さな息子。

体を横にした二人が、ぴったり頬をくっつけて、満面の笑顔を向けている。

そんな二人の間、頬を寄せ合った顔のすぐ後ろに、あのおばさんが立っていた。

おばさんは、ものすごい怒りの形相で、まっすぐカメラをにらみつけている。

顔だけではない。清美さんたちと同じように落日の光を受け、ソバージュの髪もTシャツも、くっきり明確に写し出されている。

「ちょっと、なにこれ！」

慌てて夫に問いただす。しかし夫は、ファインダーごしにそんな女は見えなかったと主張した。もし見えていたら、シャッターを切らずに声をかけて注意するはずだ、と。

「そっちこそ、なんで、こんなにすぐ後ろにいるのがわからなかったんだ」

確かに、夫の言う通りではある。もう後頭部に触れそうなほど近づいた女の気配を、自分も息子も感じ取らないはずがない。

となると、これは普通の人間ではない。幽霊かなにかの類に違いない。

そう思った清美さんは、知人のコネクションを頼りに、とある女性霊能者を紹介してもらった。

そこで写真とネガを鑑定してもらったところ、「生き霊」と断言されたのである。

「写真はもう、先生に処分してもらったので、どこにもありません。毎日供養してもらったおかげで、その後はなにも起きずに済んでいますね」

……そう言って、清美さんは体験談を語り終えた。

その霊能者の処置は正しかったのだろう。私も、そう思う。

まず第一に、霊能者の言う通り、おばさんが生き霊だったとしたら。それはそれで、きちんとお祓いがなされ、怨念は鎮められたということになる。

次に、それが生き霊でなかった場合だが……そうだとしても霊能者の先生は、よい働きをしたのではないか。

つまり「おばさんは幽霊でも生き霊でもない、れっきとした生きている人間であり、本当にその海岸に実在していた」ということだ。

少なくとも私は「あまりにもはっきり写った写真」「一日中つきまとわれている」という状況説明を聞く限り、そのように思えてしまった。

そのおばさんは、なにかの事情か思惑を持って、清美さんら家族につきまとっていたのではないだろうか。今でいうところの、ストーキング行為だ。そして一日の終わりに、ついに彼らのそばに近づき、怒りをぶつけようとしていたのではないだろうか。

だとすれば、霊能者もさすがに女が人間であることは気づいただろう。しかしそんな写真を見て、ひるむことなくとっさに「生き霊だ」と断言したのなら、なんとも素晴らしい判断力だ。

生臭い人間同士のトラブルよりも、生き霊という話に収めた方が、なにかと穏便に済むはずだから。

そしておばさんが幽霊や生き霊ではなかったとしても、これはやはり怪談話である。

不思議なことに、写真撮影時、清美さんたちは三人とも、彼女の存在にいっさい気づくことができなかった。おばさんは、すぐ背後で自分たちをにらみつけていたのに、それこそ幽霊のように、家族全員の目に入らなかった。そこに人が立っていると認識したのは、カメラという機械だけだった。

それはそれで、また一つのおぞましい怪異だ。

たとえ写っていたのが人間でも、もはや一種の「心霊写真」ではないか。

とはいえ、それは私の個人的意見である。

本書掲載にあたっては、そうした見解を盛り込むことを、体験者にも伝えておいた方がよいだろう。

そう考えていた矢先、ちょうど清美さんからメールが届いた。

私の怪談イベントに、客として出席してくれるという。

それは好都合だ。ついでにこの件の報告もしておこう。そう思った私は「イベント当日、ご挨拶させてください」という旨のメッセージを返信しておいた。

そしてイベント終演後。

まっさきに話しかけてくれたのは、私ではなく清美さんの方だった。

「おばさんの正体がわかりました」

私に体験談を話した後、清美さんはご主人にも、十数年ぶりに例の思い出を蒸し返してみたそうだ。するとご主人から、写真の一件についての、新たな情報を得た。

「当時、夫のことを一方的に好きだった女性がいたらしくて……。もちろん夫はきっぱり彼女を振ったので、そのせいであんな目にあったらしいです」

「やっぱり、そう思ってましたよ」と、私は答えた。

正直、自分の勘の鋭さが誇らしくもあった。「いや、それでも撮影時そこにいた人間に気づかないのは、立派な怪現象ですよ」「たぶん旦那さんは気を使って、おばさんがストーカーだと言わなかったんでしょうね。霊能者の人もまた、わざと生き霊だと言ったのかもしれないし」……などと得意げに自説を披露していった。

しかし清美さんは、そんな私の言葉をさえぎって。

「すいません。私の説明不足ですが、ちょっと違うんです」

確かに「そこにいるはずの女性を、家族全員いっさい見えていなかった」という不思議については、私の言う通りだという。

「でも、その写真に写ったおばさんが、夫を好きだった人じゃありません。そっちはお互い見も知らない、赤の他人です」

だからご主人は、写真の女を見せられた時も、なんら心当たりを感じなかった。嘘をついたのではなく、本当に知らない人物だったからだ。

「だからあれは、生きてる人間でもあれば、生き霊でもあるんです」

私はだんだん混乱してきた。

「え、じゃあご主人のことを好きだった女性というのは」

「夫にふられた女の子は、当時の私たちと同じ二十代です。その子が私たちのことを、ひどく怨みに思っていたようです」

その子の生き霊が、たまたま海岸にいただけのおばさんにとりつき、自分たちにつきまとった。そして最終的に、写真撮影している自分たちを、背後からにらみつけてきた……。

そう、清美さんは認識しているようだ。

だから霊能者が、写真に映った女性を「生き霊」と診断したのも、あながち間違ってはいないのだ、と。

……生き霊が、生きた人間にとりつく？

なんとも複雑な話だ。そんなことがありうるのだろうか。

「でも私は、それが真相だと思っています」

清美さんは、いやにそのことに確信を持っている様子である。

「なんでそう思うかの、理由を聞かせてください」

という私の質問に、彼女は口ごもった。

そして数秒の沈黙の後、こんな答えを返してきたのだった。

「だって……あの写真が撮影された後、その子、すぐに死んでしまいましたから」

奈落

「ウブメ」というものを知る人は多いだろう。

日本で昔から伝えられる、妖怪と幽霊の中間のような、そしておそらくその両者の元祖のような存在だ。

日本では昔から、妊娠しながら死んだ女性、出産の時に死んだ女性は、ウブメとなって化けて出るという。腰から下を真っ赤な血で染めた女が、抱いている赤ん坊をこちらに差しだしてくるのだ。

この子をおぶってくれ、おぶってくれ……と。

出産と死にまつわる女性霊であるウブメは、人間（生物）にとっての根源的な恐怖を象徴する存在だ。ウブメこそが、日本で最も古くから怖れられている怪異なのではないか

……と私は考えている。

実際に日本では、妊婦が死んだ時は、死体の腹を裂いて、胎児を取り出してから埋葬し

なくてはいけないと信じられていた。そうしないと、妊婦や子どもの霊がウブメとなって祟るのだ、と。

それはなにも大昔に限った話ではない。近代になっても、そのような風習が残されている地域は多かった。

例えば一九五〇年頃の記録にこんなものがある。福島県の某村で、臨月の妊婦が妊娠中毒症で急死した。ところが葬儀の段になって、遺族から懸念の声があがる。

「このまま埋めたら、腹の子は浮かばれまい。必ず化けて七年間は、この家の棟《むね》にまつわりつく」

親族会議の末、当村の医者に胎児を分離するための解剖を依頼。遺体は別々に埋葬したのだが……。これがたまたま警察署に知られ、死体損壊罪として摘発されてしまったのだ(もっとも審議の結果、刑事罰に問われることはなかったらしい)。

その資料によれば、妊婦遺体から胎児を取り出す行為が、戦前まで広く、多く行われていたようだ。田舎だけでなく、福島の市立病院、または東北大学や慶應義塾大学の病院でも、同種の手術を行ったという医師の証言が載っている。

その事件を知ったことをキッカケに、私は各地に伝わるウブメの風習について、色々と調べることにした。

そうした中で、とある体験談を収集することができたのだ。

もっともそれは、広い意味では「ウブメ」関連と考えられなくもない……という逸話だった。さらに言うなら、民俗資料や実際の事件記録とはまったく趣を異にするものである。

だからこれは、実話怪談として本書で紹介するのが適切だろう……私はそう判断した。


——満男さんは仕事柄、日本各地を出張してまわっている。

そんな彼が、北関東の地方都市に寄った時の体験だという。

満男さんは旅先では決まって、地元の飲み屋に入るようにしている。それもなるべく、うらぶれた地元の店がいい。

その夜も、中央通りから外れた風俗街の、さらに裏手の方に入っていた。小さなビルの一階に、これまた小ぢんまりした飲み屋が狭苦しく並んでいる。

その中の一軒のドアを開け、おずおずと中をうかがってみた。

「いらっしゃい、どうぞ」

スナックとバーの中間のような店で、従業員はママが一人。カラオケもなく、薄暗い店内は静かに過ごせそうな雰囲気だった。

カウンターの奥で一人、満男さんはグラスを傾けた。店のママは常連だろう男性客と和気あいあいとしゃべっている。一人で旅情を噛みしめるのが目的なので、話の輪に入る気はない。

そこでふと、店の隅にあるテーブル席に目がすべった。七十歳前後だろう老齢の男が一人、こちらも無言で座っている。

しかし見慣れない顔が珍しいのだろうか、老人は無遠慮に自分の方をじろじろ見つめてくる。さらに十分ほど経つと、立ち上がって自分の隣に座ってきた。

「この街の人間じゃないだろ」

うなずく満男さんに老人は「ここも寂《さび》れきってもうダメだ」と、問わず語りのおしゃべりを始めた。

老人が語りだしたのは、かつて、この店のある地区一帯が、風俗街として栄えていた時代の思い出話だった。

昔はこの辺りまでずっと置屋が並んでいた……。ここだって元々は買った女を連れ込むような店だった……。二十年前にこのママに代替わりして、こういう小じゃれた飲み屋になってるけど、本当は違うんだ……。

だいぶ酒が入っているのか、老人は聞いてもいないことを次々とまくしたてる。適当に相槌をうちながらママたちの方を見てみたが、向こうは話が盛り上がっているようで、老人の言葉を気にする素振りもない。

「その時はな、小さい女のガキで体を売ってるのまでいてな」

十四、五歳ほどの少女が一人、貧乏のあまり売春を行っていたのだという。

「それはひどい話ですね」満男さんが答えると。

「あれは頭がおかしかったんだな。身なりも汚すぎて、あんなのを買う奴なんかいなかったんじゃないか」

老人は、的外れの答えを返してきた。そこからなぜか、少女についての細々としたディテールを語りだしていく。

さすがにそんな未成年を雇う風俗店もなかったらしく、少女は後ろ盾のない立ちんぼとして、通行人に声をかけていた。それでも商売にならなかったのか、ついには独り身の男の家の玄関まで訪ねていって、自分を買ってくれと頼みこんだりもしたらしい。

さすがにそこまで聞いて、満男さんはこの老人がうさんくさくなってきた。

いくら昔とはいえ、そんなことがありえたのだろうか。警察や行政が黙ってはいないだろう……。

そんな半信半疑の目を向けられているのに気付いたのだろうか。

「そいつはな、俺のところにも来たんだぞ」と、老人が告白してきた。

当時、工場に勤めていた老人は独身寮のアパートに住んでいたという。

ある夜、仕事帰りに一杯ひっかけてから帰宅したところ、その少女が、自分の部屋のドアの前に立っていたのだ。

ボンヤリとした無表情の顔は垢にまみれていて、口元には鼻水の跡まである。身にまとっているつぎはぎだらけの服は、洗濯した様子もないほど薄汚れている。

そんな少女が、こちらに気付いたとたん「あたしを買え、買え」としつこく迫ってきたのだそうだ。さすがに哀れに思ったし、これはもう金をやらないと収まりがつかない。

「だから、金だけ恵んでやる、って言ってやった」

深夜零時になれば、自分の工場には誰もいなくなる。だから、零時ぴったりに工場に来たら、そこで幾らか渡してやる……と少女に告げたのだという。

なぜだろうか、そこで老人は話を途切らせ、じっと黙りこんでしまった。

満男さんが次の言葉をじっと待っていると、老人は、こんなことを言い出した。

「工場はまだ、そこにあるぞ」

もうとっくに廃業してはいるが、建物だけは残っている。店から歩いて数分のところだ。お前にも見せてやる、一緒に行こう、と誘ってくるのだ。

突然の提案に、満男さんは面食らった。すっかり酔っぱらった老人が、いいかげんなセリフを吐いているのだろうか。

「ちょっと、お客さん困ってるでしょ」

そこでようやく、ママさんがカウンターから口をはさんできた。

「人にからむんだったら、出て行ってちょうだい」

どこかキツすぎる口調にも感じたが、老人は反論もせず、素直に立ち上がった。

「……国道をまたいだところの空き地にいるから、来るなら来てみろよ」

そう満男さんに言い残して、金を払って店を出ていった。

どうしようか……と満男さんは迷った。この奇妙な話がどう着地するのか知りたい、という好奇心もある。

「あんたも気をつけなよ」

そんな彼の様子を察したのか、ママさんが注意の言葉をかけてきた。しかも、ひどく穏やかでない言葉を。

「あいつ、人殺しだからね」

自分も地元出身ではないから詳しく知らないが、古くから住んでいる人はみんなが噂している。あの老人は、だいぶ昔、人を殺した。でもドサクサにまぎれて捕まっていない奴なのだ、という。

さすがにただの噂だろう、とは思った。

でもそれが本当なら、なおさら話を聞いてみたい。

ママさんの忠告は、好奇心の強い満男さんにとって逆効果だった。

その工場は、店から数分歩いた先の、広々とした敷地に残されていた。

国道が近いため、街灯の明かりがぼんやり届いている。くすんだ壁の色、割れた窓ガラスなど、明らかに廃墟となっているのは遠目にもわかった。

しかし土地の使い道もないのだろう、取り壊すにも金と手間がかかるので放っておかれ続けている、といった印象だ。

その入り口手前に立っていた老人が、近づいてくる満男さんを見て手を上げた。

「夜の零時ぴったりに、俺はここに来てみたんだよ」

老人によれば、少女が入口で待っているかと思いきや、誰の姿もなかった。

おかしい。金を渡してやるって言ってるのに、あのガキが来ないはずがない。

しかし周りを見渡しても人の気配はない。五分、十分と待っていただろうか。ふいに工場の中から、奇妙な物音が聞こえてきたのだという。

「トンカントンテントントンカンテン、トンカントンテントントンカンテン」

突然、老人が奇妙なリズムでそんな言葉を口にした。なにごとかと思ったが、どうやらその時聞こえた物音を再現しているらしい。

「ほら、覗いてみろよ」

老人に促された満男さんは、割れたガラス窓から、廃工場の暗闇を凝視してみた。その内部には何も残されておらず、がらんとした無機質な空間が広がっている。ただ、足場かなにかだろうか、鉄骨が数本、縦横に組み合わせたような立体物だけが残されていた。だんだん目が慣れてくると、鉄骨の下の暗闇の中に、さらに濃い闇があるのが見えてきた。

床の中心に、プールのような大きく四角い穴が開いているのだ。

鉄骨の柱は、その穴の下へと沈んでいる。どれだけ深いのか、ここからではわからない。

「あいつが、あの鉄を鳴らしているんだって、すぐにわかった」

そう思った老人は、扉に手をかけてみた。すると、鍵がかかっていない。従業員が閉め忘れたせいで、少女が中に入ってしまったのだろう。そしてそのまま鉄骨の上に登って、靴を踏み鳴らして遊んでいるのだろう。

「あいつは、靴だけはいいものを履いていたから。底の固い、エナメルの赤い靴」

その靴が鉄骨にぶつかって、トンテンカンテンと鳴っている。

そう推測した老人だったが、またすぐに違和感に気づいたのだという。

「なんだか、違う音もしたんだな」

「トンカン」という音と「トンテン」という音。どちらも硬いもので鉄を打つような響きだが、どうも異なる二種類の音が混ざっている。

トンテンカンテン、トンカントンテン……。

いったいなにやっているんだ。そう思いながら扉を開けたところで、老人は「あっ」と叫んでしまった。

「あいつが、四つ足でかけまわってたんだよ」

四つんばいの少女が、鉄の足場の上を、物凄い速度で行ったりきたりしていた。

顔をこちらに向けて、声も出さず、ただただ獣のように走っている。

両足を動かすたび、赤い靴が鉄板にあたって「トンカンッ」と金属音が響く。

そしてもう一つ、「トンテンッ」という、響きの違う音の正体も見てとれた。

「両の手が、骨だったんだよ」

右手も左手も、肘から先は、むき出しの尖った骨になっていた。

それがまた鉄板にぶつかって、乾いた音をたてる。

四つんばいの前足にあたる骨と、後ろ足にあたる赤い靴。それらが鉄を打ち鳴らして、奇妙なリズムを刻んでいたのだ。

トンカントンテントンテンカンテン、トンカントンテントンテンカンテン……

「あいつ、化けて出やがった！」

そう思って、老人は、あわてて逃げ出したのだ。

……そこまで語ったところで、老人は言葉を切った。


居心地の悪い沈黙が流れた。

満男さんも、なんと声をかければよいのかわからず、じっと押し黙っていた。

とにかく、老人の話は矛盾だらけだった。

なぜ、家を訪ねてきた少女にその場ですぐに金を渡さなかったのか？

なぜ、誰もいない工場にわざわざ呼び出したのか？

なによりも、工場内の少女を見て、なぜいきなり「化けて出た」と判断したのか？

「あのお爺さん、人殺しだから」

さっきのママさんから聞いた言葉を思い出す。

たぶん、この話には多くの語っていない部分があるのだ。

本当は一夜どころか、もっともっと長い期間の話のはずなのだ。

老人は知っていた。自分の元に少女が化けて出てくる理由を。

二人はその時にはもう、深い関係になっていたのだろう。赤い靴だって、老人が何かのプレゼントとして贈ったものなのだろう。そしてなにかの理由によって、少女に手をかけたのだろう。

老人は、この町の人間にはしゃべれない思い出を、行きずりの私にだけ、歪んだ形ででも打ち明けたかったのだ。

「……なんでバケモノになったってわかったんだ。そう思ってるだろ?」

老人は突然、満男さんの気持ちを察するように、そう言った。

「腹ボテだったからだよ。腹に子どもがいたまま死んだ女は、化けて出るんだよな」

あいつは腹がでかすぎて、もう四つ足でしか動けなかったんだろうな。

そのまま両手が骨になっても、走り続けてたんだろうな。

トンカントンテン、トンテンカンテン、トンカントンテン、トンテンカンテンって……。

そう言い残して、老人は夜の街へと消えていった。

もちろん、自分の憶測が合っているかはわからない、と満男さんは思っている。

旅先で、おかしな老人に、おかしな思い出話を聞かされた……。一般常識として考えれば、そんなエピソードに過ぎない。

しかし一つだけ、自らの体験として確かなことがあった。

翌朝、電車の時間より前に、満男さんはまた例の廃工場を訪れてみたのだ。

明るい陽の光にさらされた建物は、中も外も昨夜のまま。組まれた鉄骨の足場もハッキリ確認できた。

しかし、である。

その鉄骨の柱は、コンクリートの床の上に設置されていた。柱が入っていたプールのような穴が無い。昨夜見たはずの、あの大きな穴が見当たらないのだ。

いくら暗かったとはいえ、あそこまで大きな陥没部分があると勘違いするはずもない。

鉄骨が穴の底に沈んでいく様子も、ありありと覚えている。

「いや、でもまあ……自分が言えるのは、それだけですよ。確かに見たはずの穴が消えていた……。その程度の、小さな不思議に過ぎません」
そう満男さんは語った。
その通りだ。彼の体験談としては、それだけのことに過ぎない。ただ、しかし。
これもまた憶測ですけど……。満男さんは最後に、こんな言葉を漏らした。
——あの穴は、老人が死んだ後に地獄に落ちる、奈落の穴なんじゃないのかな……。
おそらく、その通りなのだろう。

恐怖実話　怪の残響

2020年4月4日　初版第1刷発行

著者　吉田悠軌
企画・編集　中西如（Studio DARA）
発行人　後藤明信
発行所　株式会社 竹書房
〒102-0072 東京都千代田区飯田橋2-7-3
電話03（3264）1576（代表）
電話03（3234）6208（編集）
http://www.takeshobo.co.jp
印刷所　中央精版印刷株式会社

定価はカバーに表示しています。
落丁・乱丁本の場合は竹書房までお問い合わせください。

ISBN978-4-8019-2221-1 C0193